회개합니다

주는 계신 곳 하늘에서
저희의 기도와 간구를 들으시고
저희의 일을 돌아보옵시며
주께 득죄한 주의 백성을 용서하옵소서
|역대하 6:39|

지은이

정동진 목사는 대학과 대학원 시절에 제자훈련에 매진했었고 목사안수를 받은 후 3년째 되던 해부터 영성에 관한 서적을 읽으며 소위 삼각산이라 부르는 곳에서 몇 년간 기도해 영적 은사들에 대한 이해의 폭을 넓혔다. 두 영역의 훈련을 통해 말씀과 영성의 균형을 늘 생각했고, 말씀 중에 예수님이 행하셨던 사역들이 나타나기를 소망하며 지금까지 달려왔다.

1956년 경북 의성에서 출생했고, 계명대학교, 총신대학신학대학원에서 수학 후 도미하여 풀러신학교 Fuller Theological Seminary에서 실천신학으로 목회학박사 학위를, 페이스 신학교 Faith Theological Seminary & Christian College에서 신학박사 학위를 취득했다. 두란노서원(사)에 근무했고, 횃불선교원(재), 개혁신학연구원, 이화여자대학교사회교육원 등에서 성경을 가르쳤었다. 현재는 킹스웨이신학원(학장), 생명의빛교회 담임목사로 섬기고 있다. 1983년 결혼하여 아내와 두 딸과 함께 서울에서 살고 있다.

주님과의 막힌 담을 허무는
깊은 우상숭배 회개문

초판 발행	2014년 6월 30일
개정증보판 발행	2020년 9월 10일
개정증보판 2쇄	2024년 4월 26일
지은이	정동진
발행인	한뿌리
편집	정성경
디자인	정다민
펴낸곳	킹스웨이신학원
발행처	有하
	l등록번호l 2000년 7월 31일 제 2011-000017호
	l주소l 07592 서울특별시 강서구 방화대로44길 49
	l전화l 02-2663-5258
	l책번호l No. 10
등록번호	ISBN 979-11-85927-49-7

*이 책의 저작권은 저자에게 있습니다.
l저자연락처l 9821vision@naver.com

주님과의
막힌 담을
허무는

깊은
우상숭배
회개문

정동진 지음

有하

| 서문 |

더
깊이 회개할 수
있었으면…

회개문을 펴내게 된 동기

필자는 2013년 6월부터 온 가족과 함께 본격적으로 회개하기 시작했다. '회개기도문'이란 책의 도움을 받아 정말 열심히 회개했다. 그러나 어느 순간부터 우상숭배한 죄를 좀 더 깊이 회개할 수 있었으면 좋겠다는 아쉬움이 밀려들었다. 여기저기에서 자료를 수집하여 내 나름대로 정리하여 깊은 우상숭배 회개문 초안을 작성하고 나의 가족들에게 보내주었다. 그러던 중에, 잠시 떨어져있던 딸들로부터 나의 기도문에 대한 긍정적인 말을 들었다. 딸들의 말이 회개를 오래 하셨지만 구체적으로 기도를 잘 하지 못하는 분들께 이 기도문으로 회개를 시켰는데, 영 육간에 큰 유익이 있었다는 것이었다. 그 이야기를 듣고 마음에 큰 격려가 되어 자료를 보강하고, 이렇게 글로 옮겨내게 된 것이 '깊은 우상숭배 회개문'이다.

이 책자가 담은 내용

이 책자는 구약의 우상숭배 부분만 다루었다. 즉 다른 신을 섬기는 우상숭배, 피조물을 섬기는 우상숭배, 피조물을 형상으로 만들어 섬기는 우상숭배, 사람이 만든 종교를 섬기는 우상숭배, 무당과 점쟁이, 고조선부터 내려온 미신잡신을 섬기는 우상숭배만을 다루었다.
예수님이 말씀하신바 하나님보다 더 사랑하는 영적간음으로서의 우상숭배는 다루지 않았다. 이 부분은 각자에게 맡긴다.

이 책자에 담겨진 글들의 출처

이 책은 크게 두 부분으로 되어 있다. 하나는 십계명 부분이고, 다른 하나는 우상숭배 부분이다. 십계명 부분은 필자가 섬기는 교회에서 수요일 저녁에 성경공부를 하고 회개한 내용들을 정리한 것이다. 우상숭배 부분은 필자의 완전한 창작 글이 아니다. 제사, 불교, 무당과 점쟁이, 미신과 잡신 등의 내용은 각 영역의 전문가들이 자신들을 위해서 쓴 글이었다. 이것을 수집해서 그리스도인이 사용할 수 있는 회개기도문으로 옮겨낸 것이다. 아울러 이 자료를 수집하고 글을 작성하는 동안 엄청난 영들의 공격을 받았음을 밝힌다.

누가 이 회개문을 사용하면 좋은가?

이 회개문은 회개에 갓 입문한 성도들이 사용하기에는 어려울 수 있다. 그 이유는 내용이 상세하고, 한 번 회개하는데 긴 시간이 요구되기 때문이다. 그러나 회개에 갓 입문한 성도들일지라도 영적 세계를 조금 알아서 영의 움직임을 안다면 충분히 사용할 수 있을 것이라 믿는다.

이 회개문은 '우상숭배로 인해 나를 지배하는 영과 내 앞길을 막고 있는 영을 0.01%라도 제거하기를 원한다'라는 소원을 가진 성도들이 활용한다면 정말 좋을 것이다.

이 회개문 책자를 사용하는 방법

이 책은 성급한 마음으로 대충 회개하려는 사람들에게 적합하지 않다. 그리고 시간을 내기 어려운 분들이 사용하기에도 어려운 부분이 있다. 책을 읽듯 한 번만 읽으며 기도해도 1시간 30분 이상이 소요되기 때문이다.

충분한 시간을 내기 어려운 분들은 십계명, 제사, 무당과 점쟁이, 부처와 불교, 미신과 잡신 등을 주제별로 회개하는 방법을 추천한다. 충분한 시간을 가지고 회개하시는 분들은 이 책으로만 회개하기보다, 이 책자의 주제에 따라 회개하되, 자신이 겪은 실제 일들을 함께 깊이 회개하는 것이 좋다. 필자가 이 책자로 기도해 본 결과, 이전에 회개하며 전혀 생각하지 못했던 부분들이 깨달아지는 유익을 얻었다. 깨닫는 바가 있으면 그 내용을 가지고 깊이 회개해야 한다. 아무쪼록 이 책을 끝까지 읽는 것을 목표로 삼지 말고, 깊이 회개하는데 목표를 두었으면 한다.

개인적으로 말고 함께모여 회개할 때에도 이 책을 사용하면 좋다. 목회자는 성도들이 목소리를 맞춰서 십계명을 읽으며 기도하도록 지도하고, 성도들이 기도하는 동안에 능력이 있다면 축사하는 시간을 가지면 더 유익하다. 한 주제를 다 읽으면 책을 덮고 내용을 기억하며 간절하게 회개하도록 시키고, 계속해서 축사하는 시간을 가지면 된다. 이 방법으로 모든 주제를 기도했을 때 회개기도문을 한 번 끝내는데 약 3시간 정도 소요될 것이다.

회개에 동참한 분들에게는 격려, 그렇지 않는 사람들에게는 경고가 될 것이다

예수님은 우리가 지금까지 배워서 알고 있는 목표 외에도 다른 목표를 위해서 이 땅에 오시기도 하셨다. 이에 관한 요한 사도의 말씀에 귀를 기울여보기 바란다.

예수님이 이 땅에 오신 목적들

"예수님은 나의 죄를 없애려고 오셨다." (요일 3:5)
"예수님은 마귀의 일을 멸하려고 오셨다." (요일 3:8하)

나는 성도가 아니라 예수를 믿지 않는 불신자이다

"죄를 짓는 자마다 불법을 행하는 자이다." (요일 3:4)
"죄를 짓는 자는 예수님을 보지도 못했고 그를 알지도 못하는 자이다." (요일 3:6)
"죄를 짓는 자는 마귀에게 속한 자이다." (요일 3:8상)
"의를 행하지 않는 자는 하나님께 속하지 않은 자이다." (요일 3:10상)
"형제를 사랑하지 않는 자는 하나님께 속하지 않은 자이다." (요일 3:10하)

나는 예수를 믿는 하나님의 자녀임이 분명하다

"하나님께로 난자마다 죄를 짓지 않는다." (요일 3:9상)
"그 이유는 하나님의 씨가 그 속에 있기 때문이다." (요일 3:9중)
"그는 하나님께로부터 났기 때문에 죄를 짓지 못한다." (요일 3:9하)

나는 하나님의 자녀인가?
나는 정말 하나님의 자녀인가?

[1] 바울은 로마서 7장에서 자기 안에 있는 두 법이 싸우는데 한 다른 법이 자신을 죄의 법으로 이끌어 가는 것 때문에 진정 탄식하며 고백했다. "오호라 나는 곤고한 사람이로다. 이 사망의 몸에서 누가 나를 건져내랴.(롬 7:24)"고 했다.

[2] 10페이지 "회개는 축사의 전제조건이다."를 참고하라.

최소한 내가 하나님의 자녀라면, 나를 지배하고 있는 마귀의 지배에서 벗어나기 위해 많은 노력을 기울이고 있어야 한다. 또한 죄를 짓고 있는 내가 싫어서 탄식하며 그 죄에서 벗어나기 위해 노력하고 있어야 한다.

그렇지 않으면서 "나는 예수 믿기 때문에 모든 죄를 사함 받았어!"라 생각하며 죄와 싸우고 있지 않다면, 당신은 지금 요한 사도를 거짓 선지자로 취급하는 것이다. 또한 성경을 진리로 인정하지 않고 있는 것이 된다. 성경을 진리로 인정하는 그리스도인은 현재 죄를 짓고 있음에 마음 아파 탄식하며 회개해야 한다. 하나님의 자녀가 된 지금도 마귀의 지배를 받고 있는 삶으로 인해 바울처럼 괴로워해야 한다.[1] 그 지배에서 벗어나기 위해 회개하고 축사를 통해서 모든 악한 영을 쫓아내야 한다.[2] 할 수만 있으면 모두 쫓아내야 한다. 그 전제 조건이 바로 회개이다. 깊이 회개하면 할수록 더 많은 악한 영들을 쫓아내고 정결해 질 수 있을 것이다.

성경은 우상숭배에 대해 뭐라고 말씀하는가?

우상숭배를 가장 먼저 제거해야 한다

[3] 로마서 10:10에는 "사람이 마음으로 믿어 의에 이르고 입으로 시인하여 구원에 이르느니라."고 기록되어 있다. "사람이 마음으로 믿어"라고 할 때 "믿어"와 "입으로 시인하여"라고 할 때 "시인하여"는 동일하게 동사 직설법 현재 수동형이다. 믿는 것이나 시인하는 것이 하나님에 의해서 결정되는 것이지 사람이 스스로 믿고 시인할 수 없는 것을 말한다. 오늘날 복음을 전하며 "예수님을 영접하세요. 제 기도를 따라하시면 됩니다."란 방법으로 예수를 믿고 시인했다고 해서 그것이 하나님에 의해 믿어지고 시인되어진 것이 아니라는 것이다. 바울이 빌립보에서 복음을 전할 때 하나님께서 그 복음을 듣고 있던 루디아란 여인의 마음을 여셔서 바울의 말을 청종케 하신 것이 믿고 시인하는 모범이다.(행 16:14)

그리스도인 삶의 절대 기준은 성경말씀이다. 이것을 부정한다면 그리스도인이 아닐 것이다. 예수 그리스도의 죽으심과 부활이 하나님에 의해서 믿어지고 시인되면, 그 사람은 분명 하나님의 자녀요 구원에 이른다.(롬 10:10)[3] 구원에 이른 하나님의 자녀는 "의와 불법이 어찌 함께 하며 빛과 어둠이 어찌 사귀겠느냐?"(고후 6:14)는 말씀처럼 자신이 하나님의 성전인 것을 알게 된다.(고전 3:16; 6:19; 고후 6:16) 하나님의 성전은 말 그대로 하나님께서 거하실 처소이기 때문에 영육을 깨끗이 해야 한다.(고후 7:1)

그렇다면 무엇부터, 어디서부터 시작해야 할까? 성경에 기록된 하나님의 말씀을 세심하게 살펴보면 하나님께서 가장 싫어하시는 것이 '우상숭배'인 것을 깨달을 수 있다. 하나님은 이스라엘 백성들을 이집트에서 구출하신 후 그들과 언약을 맺으셨다.(출 19:5-6) 그 언약을 지키는 기초가 우리가 알고 있는 '십계명'이다. 십계명 중 첫 계명은 "너는 나 외에는 다른 신들을 네게 두지 말라."(출 20:3)이다. 여호와 하나님 외에 다른 신을 내 곁에 두고 섬기는 것이 '우상숭배'이다. 대한민국 사람들은 고조선 시대부터 무당과 점쟁이를 섬겨왔고, 고려시대 약 500년은 불교를 숭배 했으며, 조선시대 500년은 유교를 숭상했다. 구분을 하기는 했지만 고려시대와 이조시대에 무당과 점쟁이, 불교 등이 여전히 민간에 득세했다. 고조선은 기원전 2333년에 '조선'이란 이름으로 시작되어 기원전 108년까지 존속했다.[4] 최소한 4,000년 넘게 무속신앙을 가진 나라가 바로 한국이다. 그 무속신앙에 불교, 유교 등 온갖 우상숭배가 더해졌다. 이것이 나와 상관없는 이야기가 아니다. 바로 나의 이야기이다. 나와 나의 조상들이 그렇게 살아 온 이야기이다. 그러므로 영 육간에 가장 먼저 깨끗하게 되어져야 할 영역은 '우상숭배'이다.

[4] 일연의 삼국유사 기록을 따랐다.

신약성경도 구약성경처럼 우상숭배를 멀리하라고 한다

구약성경은 "너는 나 외에는 다른 신들을 네게 두지 말라.(출 20:3)"고 하시고 이어서 "너를 위하여 새긴 우상을 만들지 말고 또 위로 하늘에 있는 것이나 아래로 땅에 있는 것이나 땅 아래 물속에 있는 것의 아무 형상이든지 만들지 말며 그것들에게 절하지 말며 그것들을 섬기지 말라 나 여호와 너의 하나님은 질투하는 하나님인즉 나를 미워하는 자의 죄를 갚되 아비로부터 아들에게로 삼사 대까지 이르게 하거니와 나를 사랑하고 내 계명을 지키는 자에게는 천대까지 은혜를 베푸느니라.(출20 :3-6)"고 하여 우상숭배를 철저하게 금했다.

신약성경은 우상숭배에 대해 침묵하는가? 그렇지 않다. "자녀들아 너희 자신을 지켜 우상에서 멀리하라.(요일5:21)", "그러므로 땅에 있는 지체를 죽이라 곧 음란과 부정과 사욕과 악한 정욕과 탐심이니 탐심은 우상 숭배니라.(골3:5)", "그런즉 내 사랑하는 자들아 우상숭배하는 일을 피하라.(고전 10:14)"신약성경은 우상숭배를 피하고 멀리하고 죽이라고 말하고 있다.

우상숭배는 어떤 결과를 가져오는가?

우상숭배는 하나님의 격분을 일으키고(신 32:16-21) 분노를 일으키고(렘 44:3)

하나님께 기도할 자격을 박탈해가고(겔 14:3) 나라를 빼앗기게 되고(왕상 11:1-13) 최종적으로 망하게 한다.[5]

성경은 우상숭배를 하게 되면 사람에게 어떤 영향이 나타나는지 분명하게 기록하고 있지 않다. 그렇다고 전혀 알 수 없는 것도 아니다. 우상숭배로 하나님의 분노를 일으키면 사람에게 어떤 영향이 미칠까? 여러 가지 징계가 나타날 것이다. 성경에 기록된 하나님의 징계 중 가장 중한 징계는 죽음이다. 사람이 어떻게 죽는가? 어떤 사람은 사고로, 어떤 사람은 병들어서, 어떤 사람은 정신 이상자가 되어 스스로 목숨을 끊어 죽는다. 이런 유형에 속한 사람들은 모두 자신의 앞 길이 막힌 사람들이다. 자연사 했다고 무조건 앞길이 형통했다고 볼 수는 없다. 우상숭배의 최종적 결과는 죽음이지만 그 이전에 여러 다양한 형태의 막힌 담을 가져오는 것이 아닐까? 만약 그렇다고 한다면 우상숭배의 죄를 제거함으로써 자연적으로 앞길이 열리고 하나님께서 주시는 축복을 온전히 누릴 수 있을 것이라고 생각한다.[6]

예수님은 우상숭배를 새롭게 정의하셨다

예수님은 산상수훈에서 "한 사람이 두 주인을 섬기지 못할 것이니 혹 이를 미워하고 저를 사랑하거나 혹 이를 중히 여기고 저를 경히 여김이라 너희가 하나님과 재물을 겸하여 섬기지 못하느니라.(마 6:24)"고 하셨다. 예수님은 하나님과 재물을 겸하여 섬길 수 없다고 하셨다. 이는 무엇을 의미하는가? 사람의 마음에 하나님 이외에 다른 것을 두어서는 안 된다는 뜻이 아닐까? 조금 부드럽게 말한다면 하나님보다 더 사랑하는 것이 마음에 있어서는 안 된다는 뜻일 것이다.

그러므로 오늘날 그리스도인들은 두 가지 우상을 동시에 제거해야 한다. 십계명에서 말하는 다른 신을 두고 섬기고 피조물을 숭배하고 형상을 만들어 숭배하는 우상을 제거해야 한다. 또한 예수님이 말씀하신 마음에 하나님보다 더 사랑하는 모든 우상숭배들을 제거해야 한다.

어떻게 우상숭배를 제거할 것인가?

가장 먼저 내가 지은 우상숭배를 철저히 회개하여 제거해야 한다. 하나님은 자손 삼사[7] 대까지 우상숭배의 죄를 물으시겠다고 말씀하셨다.(출 20:4-5)

[5] 북이스라엘은 앗시리아에게, 남유다는 신바벨로니아에게 망했다.

[6] 필자가 회개를 하며 불의에서 돌이킨 삶을 산 결과로 보면 막혔던 담들이 허물어지는 것이 분명하다. 그러나 이것은 어디까지나 개인적 경험이다. 개인적 경험을 객관화 시키는 것이 타당할까라는 생각에 추측형 문장으로 기록했다.

[7] 삼사 대는 삼대 혹은 사대를 의미하지 않는다. 칠대까지를 말한다.

그렇다면 최소한 조상 7대가 행한 우상숭배의 죄를 나의 죄로 인정하고 회개해야 하는 것이 아닐까?

우상숭배를 회개하면 모든 것이 해결되는가? 여기에 필자가 읽은 글을 소개하고 싶다.

회개는 축사의 전제 조건이다
"열두 제자를 부르사 둘씩 둘씩 보내시며 더러운 귀신을 제어하는 권능을 주시고, 제자들이 나가서 회개하라 전파하고, 많은 귀신을 쫓아내며 많은 병자에게 기름을 발라 고치더라 (막 6:7,12-13)"
귀신을 쫓아내는 역사가 발생하는 환경이 조성되려면 반드시 먼저 회개가 선행되어야 한다. 많은 사람이 나를 찾아와서 특정한 죄에서 벗어나게 해 달라고 부탁한다. 그럼에도 불구하고 그들은 죄에 대한 태도를 좀처럼 고치려 하지 않는다. 죄를 짓는 것은 즐기지만 그 고통스러운 결과는 싫어한다. 그래서 죄는 짓되 죄책감으로부터 자유로워질 수 있는 길을 모색한다. 죄를 짓고도 기독교인으로 남아 있을 수만 있다면 그들은 그렇게 할 것이다.[8]

[8] 존 비비어, 회개, 순전한 나드, p.132.

예수님은 제자들을 세상에 보내시면서 권능을 주셨다. 단지 복음만 전하면 되지 무엇 때문에 축사의 권세를 주셨을까? 문장의 순서를 보면 "회개하라! 그리고 많은 귀신을 쫓아냈다"이다. 이 순서는 지금도 변함이 없다. 어쩌면 존 비비어가 말한 것처럼 우상숭배로 인해 나를 지배하게 된 귀신들을 쫓아내기 위해서 회개하고, 회개한 후에 축사로 귀신을 쫓아내야 하는 것이 당연한 순서일지도 모른다. 그러나 필자가 배운 신학이 잠시 이렇게 표현하는 것을 주저하게 만들지만 그래도 외치고 싶다.

"회개하라! 그리고 나를 지배하는 귀신들을 쫓아내라!"

나를 지배하고 다스리는 자가 악한 영이 아니라 성령님이 되게 하려면 반드시 우상숭배의 죄를 가장 먼저 회개하고 나의 죄도 회개해야 한다. 조상들이 우상숭배를 많이 한 집안은 악한 영의 역사가 강하기 때문에 귀신 들리거나, 억눌리거나, 정신에 이상이 있는 사람이 많이 나온다. 이런 사람들은 혼자 회개하여 악한 영들과 싸워 이기는 것이 현실적으로 거

[9] 마태복음 6:24을 말한다. 마음에 있는 우상숭배엔 어떤 것이 있을까? 가족, 출신지역, 출신학교, 직업, 명예, 물질, 과학, 이데올로기, 세상의 지식 등이 있다.

의 불가능하다. 이미 많이 사로잡혔기 때문이다. 따라서 회개를 깊이 하고 섬기는 교회의 목회자로부터 사역을 받든지 능력있는 사역자를 찾아가서 사역을 받아야 한다. 정도의 차이만 있을 뿐이지 우리 모두는 죄의 결과로, 특별히 우상숭배의 결과로 영혼육이 악한 영에 억매여 있다. 우리가 지은 죄를 회개함으로 용서받지 못했기 때문이다. 상대적으로 우상숭배의 죄가 덜한 집안이더라도, 회개를 하면서 축사를 함께 받으면 훨씬 더 우상숭배의 죄를 빨리 제거할 수 있다. 회개의 중요성을 깨닫고 회개할 수 있는 것도 큰 축복이지만, 능력있는 사역자를 만나 도움을 받는다면 더 큰 축복이 될 것이다.

필자는 이 얇은 책자에서 구약의 우상숭배를 중심으로 글을 썼다. 그러나 잊지 말아야 한다. 예수님이 말씀하신[9] 나의 마음에 주님보다 더 사랑하는 것을 두는 영적간음의 우상숭배도 철저히 회개해야 한다.

마지막으로 이 책을 출판할 수 있도록 많은 도움을 준 나의 가족들과 격려를 아끼지 않으신 한양훈 목사님에게 감사의 말을 전한다.

2014년 6월 12일, 서재실에서
정동진 목사

| 서문 |

개정증보판을 내면서

2014년 6월 12일에 "깊은 우상숭배 회개문" 원고를 탈고한 후 그해 6월 30일에 초판을 발행했고, 2018년 1월 17일에 3쇄를 찍었다. 내 생각보다 훨씬 많은 한국 교회 성도들이 우상숭배의 죄를 회개해야 할 필요성을 느꼈다는 사실을 알게 되었다. 초판을 가지고 회개하면서 수정과 보완의 필요성을 느껴 조금씩 자료를 수집하며 기도하다가 개정증보판을 발행하게 되었다.

초판에서 가장 앞부분에 다루었던 십계명은 개정증보판에 넣지 않았다. 개정증보판은 초판의 원고를 수정한 부분도 있고, 다루지 않은 내용을 새로 추가하기도 했고, 초판에서는 전혀 언급하지 않았던 우상숭배로 말미암아 역사하는 악한 영들도 다루었다. 실제로 지난 수년간 우상숭배 죄를 회개하다 보니 이 죄를 근거로 역사하는 영들을 경험하고 깨닫게 되었다. 이 영들에 대한 정보는 실로암 세계선교회 1월 집중기도회와 매월 2박 3일 기도회를 통해 배운 것들임을 밝힌다.

개정증보판을 통해서 더욱 정확하고 상세한 내용으로 회개함으로 악한 영들의 묶임에서 자유롭게 되고, 하나님과 막힌 통로가 온전하게 열려서 하나님이 약속하신 복을 천국에서만이 아니라 이 땅에서도 누리게 되는 은혜가 모두에게 있기를 기대해본다. 이 기도문을 작성하는 데 있어 함께 기도하는 형제자매들이 많은 자료의 정보를 제공해 주었음을 알리며 그분들에게 감사의 마음을 전한다.

　지난 7년 동안 죄에서 벗어나고 하나 되기 위해 힘써 회개할 수 있도록 사랑하는 가족들을 인도해 주신 하나님께 감사드린다. 항상 옆에서 수고하고 섬기는 아내 김경하, 큰딸로서 이 책을 편집한 정성경, 둘째 딸로서 이 책을 디자인한 정다민에게 특별히 감사의 마음을 전하며 함께 이 기쁨을 나눈다. 겸손하게 하나님 앞에 자신과 조상들의 우상숭배 죄를 회개하는 모든 사람에게 하나님의 풍성한 은혜와 긍휼하심이 함께 하길 기도한다.

2019년 12월 25일 성탄절에 서재실에서
정동진 목사

목차

초판 서문
개정증보판 서문

1. 제사 지낸 죄를 회개합니다
ANCESTOR WORSHIP

18

2. 부처·불교를 믿고 섬긴 죄를 회개합니다
BUDDHISM

44

무당 의지한
죄를 회개합니다
SHAMANISM

68

3

미신과 잡신 섬긴
죄를 회개합니다
SUPERSTITION & EVIL SPIRITS

92

부록
더 깊은 회개로 나아가기
참고문헌

4

제사 지낸
죄를 회개합니다
ANCESTOR WORSHIP

1

1. |우상숭배|
제사 지낸 죄를 회개합니다

조상 제사 지내며 우상숭배 한 죄를 회개합니다

하나님 아버지, 하나님께서 이스라엘 백성을 출애굽 시키시며 "내 말을 잘 듣고 내 언약을 지키면 모든 민족 중에서 내 소유가 되겠고 너희가 내게 대하여 제사장 나라가 되며 거룩한 백성이 되리라(출 19:5-6)"고 언약을 맺으셨습니다. 그리고 백성들은 "여호와께서 명령하신 대로 우리가 다 행하리이다(출 19:8)"라고 화답했습니다. 하나님께서 십계명(출 20:3-17)과 다양한 법조문(출 21:1-23:33)을 언약으로 주셨고, 그 가운데 첫째 되는 계명이 "너는 나 외에 다른 신들을 네게 두지 말라(출 20:3)"입니다.

또 하나님께서 "여호와 외에 다른 신에게 제사를 드리는 자는 멸하라(출 22:20)"고 하셨고, "다른 신을 음란하게 섬기는 모든 사람을 그들의 백성 중에서 끊는다(레 20:5하)"고 말씀하셨습니다. 그런데 저와 저희 가문은 죽은 조상을 신으로 삼아 곁에 두고 섬기므로 다른 신을 우상숭배 하는 죄를 지었습니다. 마땅히 창조주 하나님을 믿고 높이며 경배해야 할 저희가 조상신을 섬겨 하나님의 백성에서 끊어지는 무서운 죄를 범했습니다. 이 시간에 마음을 다해 조상 숭배한 죄를 회개하오니 긍휼히 여기시고 용서해주시옵소서.

하나님, 저와 저희 조상들이 하늘을 숭배하는 제천 의식을 따라 제사를 지냈고, 농사를 시작하면서는 풍년을 기원하며 정성을 다해 제사를 지냈습니다. 국가 형태가 구비 된 후에는 사직과 종묘 등 국가 경영과 관련해서 제사를 지내며 죄를 지었습니다. 저희가 지난 수백 년간 하나님의 말씀을 어기고, 죽은 조상을 하나님의 자리에 두고 섬기며 살았습니다. 그래서 저와 저희 가문이 하나님의 진노를 샀고, 하나님 앞에 고백하지 않은 우상숭배의 죄 때문에 하나님과 동행할 때 많은 훼방을 받았습니다. 저와 저희 조상들이 제사로 우상숭배 한 죄를 낱낱이 회개하오니 용서해주시옵소서.

조상을 신으로 삼아 우상숭배 한 죄를 회개합니다

하나님 아버지, 저와 저희 가문이 조상에 대한 고마움과 은덕에 보답하는 마음으로 조상을 신으로 만들어 놓고 우상숭배 했습니다. 저희를 지으시고 지금까지 존재하게 하신 분은 하나님이십니다. 이런 하나님의 도우심과 베푸신 은혜를 깨닫지 못하고 조상을 섬긴 죄를 회개합니다.

하나님, 저와 저희 조상들은 제사가 민족의 미풍양속이라 생각해서 거리낌 없이 지냈습니다. 제사를 지내는 것이 하나님께서 말씀하신 다른 신을 곁에 두고 섬기는 일임을 잘 몰랐습니다. 저희의 뿌리는 하나님이신데, 제사를 지내며 그것에서 저희의 뿌리를 찾으려 했습니다. 하나님 안에서 저희의 정체성을 찾아야 하는데, 어리석게도 조상에게서 찾았습니다. 용서해주시옵소서.

하나님, 저와 저희 가문이 제사가 가족과 친척의 우애를 다지고, 가풍을 이어받는 데 도움이 된다고 생각해서 열심히 제사를 지냈습니다. 하나님을 섬기고 예배하며 서로 교제했으면, 천대까지 베푸시는 하나님의 은혜를 받았을 텐데, 저희가 어리석어서 조상을 섬겼습니다. 그래서 아버지로부터 아들에게로 삼사 대까지 이르는 우상숭배의 죄를 저희 가정과 가문 위에 오늘에 이르기까지 쌓아 올렸습니다. 조상을 섬기지 않으면 화를 입는다고 해서 섬겼는데, 조상을 섬겨서 오히려 하나님의 심판을 받게 되었습니다. 긍휼히 여겨주시옵소서.

하나님, 저와 저희 집안이 조상을 숭배해서 철천지원수인 악한 영들이 통행증 없이 저희 가정에 들어오도록 문을 활짝 열어주었습니다. 저희가 이 사실을 깨닫지 못하고, 오랜 세월 셀 수 없이 많은 제사를 지냈습니다. 저희가 제사를 너무 많이 지내서 무지하고 아둔하게 되었습니다. 하나님의 지혜가 가려지고, 분별력과 판단력이 흐려졌습니다. 우상숭배의 죄 때문에 저와 저희 가문이 창조주 하나님을 깨닫지 못하고 대적했습니다. 이 모든 것이 악한 영들의 역사인 것을 몰랐습니다. 이 시간에 마음을 담아 진심으로 회개하오니 저희의 죄를 용서해주시고, 영육 간에 무지하고 아둔한 삶에서 벗어나게 해 주시옵소서.

제사 음식 장만한 죄를 회개합니다

하나님 아버지, 하나님께서 "곡식과 새 포도주와 기름은 내가 그에게 준 것이요 그들이 바알을 위하여 쓴 은과 금도 내가 그에게 더하여 준 것이거늘 그가 알지 못하도다(호 2:8)"라고 하셨고, 또 "내가 네게 주어 먹게 한 내 음식물 곧 고운 밀가루와 기름과 꿀을 네가 그 앞에(우상) 베풀어 향기를 삼았나니 과연 그렇게 하였느니라…(겔 16:19)"고 말씀하셨습니다. 하나님께서 저희 가정에 주신 농산물, 과일, 어류, 고기 등을 조상숭배 하는데 바치는 죄를 범했습니다. 하나님께서 주신 은과 금을 제사 음식 장만하여 우상숭배 하는 데 사용한 죄를 회개합니다. 다음과 같이 지극 정성을 다해 제수[1] 장만한 죄를 고백합니다.

[1] 제사에 쓰기위해 장만한 음식을 말한다.

밤, 대추, 배, 감, 은행 등의 과실을 홀수로 준비했습니다. 소채로는 두 가지 익힌 나물과 한가지 김치를 제수로 준비했습니다. 어물로는 주로 조기를 올렸고, 육물로는 집짐승의 고기를 쓰는 것이 좋다고 해서 소고기를 주로 장만했습니다. 적으로는 육과 간을 제수로 준비했고, 떡과 간장도 올렸습니다. 육물, 생선, 채소 등으로 국을 준비했고, 탕은 어, 육, 소(두부) 등으로 3탕을 올렸습니다. 포는 주로 문어나 건어를 제수로 준비했습니다. 저와 저희 조상들이 하나님께서 주신 음식을 이렇게 우상을 숭배하는데 갖다 바쳤습니다. 형편이 어려워도 가장 좋은 식자재를 사용했고, 값비싼 것으로 최선을 다해 장만했습니다. 용서해주시옵소서.

하나님, 제사 음식 하나하나에도 의미를 다 부여했습니다. 혹시나 조상신이 오지 못할까 봐 예로부터 귀신이 싫어한다고 알려진 식자재는 제수에서 다 제외했습니다. 식혜, 탕, 면은 건더기만 사용했고, 복숭아가 귀신을 내쫓는다고 해서 복숭아를 과일로 쓰지 않았으며, '치'로 끝나는 생선이 흔하고 천하다고 해서 꽁치, 삼치, 갈치 등을 제수로 올리지 않았습니다. 그 외에도 조상신이 붉은색을 싫어한다고 전해져서 고추를 사용하지 않았고, 마늘, 파, 부추, 미나리 등 향이 강한 음식도 올리지 않았습니다.

하나님, 저와 저희 가문이 이렇게 정성을 다해 우상숭배에 가담하여 하나님께서 약속하신 '이른 비'와 '늦은 비'의 은혜를 누리지 못했습니다. 그뿐 아니라 때로는 각종 병충해와 가뭄, 홍수, 태풍의 피해를 보았습니다. 저희의 죄로 인해 수고의 결실을 보지 못하고, 열매를 소실하여 가난하게 살았습니다. 하나님께서 주신 재물을 하나님께 드리지 않고, 하나님의 사역을 위해 사용하지 않고, 제사 음식을 장만하는데 사용한 죄를 다시 한번 회개합니다. 용서해주시옵소서.

하나님 아버지, 저와 저희 가정이 하나님께 나아갈 때 정성을 다해 예물을 준비하지 못한 것을 회개합니다. 그동안 하나님께서 주신 재물로 우상숭배 한 죄를 회개하는 마음으로라도 마음을 담은 예물을 드렸어야 했는데, 저희가 오히려 아까운 마음으로 인색하게 드릴 때가 많았습니다. 용서해주시옵소서. 이제는 자원하는 마음으로 기쁘고 풍성하게 드리겠습니다.

정성을 다해 제사상 차린 죄를 회개합니다

하나님 아버지, 집안과 지방마다 진설법이 다양하고 다르지만, 조상을 제대로 모시기 위해 일반적으로 다음과 같이 제사 음식을 차린 죄를 회개합니다. 제사를 주관하는 제주[2] 앞에 술을 따를 때 쓰는 모사 그릇과 사용한 술을 부을 때 사용하는 퇴줏그릇을 놓았습니다. 그 옆에 술병과 술을 담는 잔반을 두었고, 그 뒤로 향로와 향을 준비했습니다. 제사상 위 맨 앞줄 서쪽부터 대추,

[2] 제주란 제사 집례자를 의미한다.
[3] 소적은 두부를 양념하여 꼬챙이에 꿰어 불에 구운 음식이다.

밤, 감, 배, 사과, 한과, 약과를 진설했고, 두 번째 줄 서쪽부터 포, 삼색 나물, 간장, 김치, 식혜 건더기를 진설했습니다. 세 번째 줄 서쪽부터 육탕, 소탕, 어탕을 진설했고, 네 번째 줄 서쪽부터 국수, 육적, 소적[3], 어적, 고물 떡을 진설했습니다. 맨 마지막 줄 좌우에 촛대를 두었고, 중앙에는 수저를 담아 놓는 시접과 술을 따르는 잔반과 떡국을 진설했습니다.

하나님, 저와 저희 가문의 조상들이 음양의 조화에 따라 제사 음식을 차린 죄도 회개합니다. 먼저 아버지 신위는 서쪽에, 어머니 신위는 동쪽에 놓았습니다. 신위가 있는 쪽부터 밥은 서쪽에, 국은 동쪽에 놓았고(반서갱동), 생선은 동쪽에, 소고기와 돼지고기는 서쪽에 놓고 제사 지냈습니다(어육동서). 머리는 동쪽, 꼬리는 서쪽을 향해 놓았고(두동미서), 등은 남쪽, 배는 북쪽을 향해 놓았습니다(배남복북), 또한 날것은 동쪽에, 익은 것은 서쪽에 차렸고(생동숙서), 식혜는 살아 있는 것이라서 동쪽에, 포는 죽은 것이라 서쪽에 차렸습니다(좌포우혜). 그리고 붉은색 음식은 동쪽에, 흰색 음식은 서쪽에 (홍동백서), 마른 음식은 왼쪽에, 습한 음식은 오른쪽에 차렸습니다(건좌습우). 부부가 세상을 떠났으면 두 분을 함께 모시고 밥, 국, 술잔을 따로 차려 제사를 지냈습니다(합설).

하나님, 이렇게 제사상 한 상을 차리기 위해 정성을 다했습니다. 수일 전부터 미리 계획하고 장을 봐서 하루 종일 제사 음식을 만들었습니다. 음식을 준비할 때도 최선을 다했고, 음식을 차릴 때도 최선을 다했습니다. 하나님께서 주신 재물을 제사 지내는 데 탕진하면서도 우상숭배를 위해 차린 제사상을 보면서 자부심을 느꼈습니다. 용서해주시옵소서.

제사에 참여하기 위해 정성을 다한 죄를 회개합니다

하나님 아버지, 저와 저희 조상들이 제사에 참여하기 위해 사흘 전부터 집주인이 모든 남자를 인솔하여 밖에서 치재[4]하고, 주부는 여자들을 거느리고 안에서 치재했습니다. 목욕하고 옷을 갈아입었고, 흐트러질 정도로 술을 마시지 않았으며, 마늘과 파 같이 냄새나는 채소를 먹지 않았습니다. 이 기간에는 상가에 조문하지 않았고, 음악도 듣지 않았습니다. 무릇 흉하고 더러운 일은 모두 참여하지 않는 등 부정을 피하는 재계를 행했습니다.

또 제사 예법에 규정된 대로 조상이 별세한 날 자시[5]에 제사를 지내기 위해 해가 떨어지면 잠을 자다가 한밤중에 일어나 제사 지냈습니다. 피곤하고 힘들어도 꼬박꼬박 일어났습니다. 때로는 제사에 참여하기 위해 잠을 자지 않고 기다렸습니다. 쏟아지는 잠을 참느라 눈을 비비거나 찬물로 세수하며 잠을 쫓았습니다. 고인이 죽은 날에 제일 먼저 제사부터 지내는 정성을 보였습니다. 하나님께서 낮과 밤을 만드시고 저희에게 주셨는데(창 1:14), 저와 저희 조상들이 하나님께서 주신 날에 하나님을 예배하지 않고, 새날이 시작되는 첫 시간에 조상에게 제사 지낸 죄를 애통한 마음으로 회개합니다. 용서해주시옵소서.

하나님, 이렇게 지극 정성을 다해 조상숭배 제사 드린 죄를 회개하기 위해서라도, 저와 저희 가문이 마음과 뜻과 힘을 다해 하나님을 경배해야 하는데, 아직도 하나님을 믿지 않는 가족과 친척들이 계속해서 제사를 지내고 있습니다. 긍휼히 여겨주시옵소서.

제사 지낸 과정을 낱낱이 회개합니다

하나님 아버지, 저와 저희 조상들이 제사를 지내기 위해서 먼저 지방을 쓰

---

[4] 제관이 제사를 시작하는 날부터 제사를 마친 다음 날까지 사흘 동안 몸을 깨끗이 하고 삼가는 것을 말한다.

[5] 밤 11시부터 다음날 새벽 1시까지의 시간 단위이다.

|6| 제사의 대상이 되는 귀신에게 고하는 글을 말한다.

고 축문[6]을 썼습니다. 자시가 되어 제사 지내기 전에 상이 북쪽을 향하는 방향에 병풍을 두르고, 상 중앙 자리에 지방을 붙였습니다. 그리고 상이 북쪽을 향하도록 제수를 차리면 제사 지낼 준비가 모두 끝났습니다. 자시가 되어 제사를 시작할 때 조상신을 맞이할 준비를 하기 위해 가장 먼저 대문이나 방문을 활짝 열었습니다(영신). 그 후 제주가 제사상 앞으로 나아가 하늘에 있는 조상신을 부르기 위해 향을 피웠고, 땅에 있는 조상신을 부르기 위해 모사(茅沙) 위에 술을 부었습니다(강신).

찾아온 신에게 인사하기 위해 제사에 참여한 모든 가족이 죽은 조상에게 절했고(참신), 첫 번째 술을 따라 올렸습니다(초헌). 그리고 나면 죽은 조상의 업적을 기리는 축문을 읽은 후에(독축), 두 번째 술을 따라 올렸고(아헌), 다시 한번 술을 가득 따라 올렸습니다(종헌).

그다음 순서로 조상신이 식사할 수 있도록 밥뚜껑을 열어서 숟가락을 동쪽으로 향하도록 꽂고, 젓가락을 적위에 놓아 조상신이 편하게 식사하도록 준비했습니다(삽시정저). 조상신이 식사하는 데 방해가 될까 봐 문을 닫고 제사에 참석한 모든 가족이 무릎을 꿇고 침묵하며 기다리거나 방 밖으로 나가 문을 닫고 조용히 기다렸습니다(합문). 제주가 세 번 헛기침하면 방 밖에 나가 있던 가족들이 문을 열고, 다시 제사장으로 모였습니다(개문).

제사를 마무리하기 전에 국그릇을 내리고, 숭늉을 올린 뒤에 밥을 떠서 물에 말며 더 권했습니다(진다). 수저를 시접 위에 놓고 밥뚜껑을 덮으면(철시복), 다시 두 번 신위에 절한 뒤에 지방을 떼서 불사르고(전송), 상을 물려 제사를 마무리했습니다. 저와 저희 조상들이 이렇게 복잡한 순서를 따라 조상신을 우상숭배 한 죄를 진심으로 회개합니다. 용서해주시옵소서.

제사 음식 나눠 먹은 죄를 회개합니다

하나님께서 성경 여러 곳에서 우상에게 바친 더러운 제물을 먹지 말라고 명하셨습니다. 특히 에스겔 선지자를 통해서 "산 위에서 제물을 먹거나…우상에게 눈을 들거나…이 모든 가증한 일을 행하였은즉 반드시 죽을지라 자기의 피가 자기에게로 돌아가리라(겔 18:11-13)"고 말씀하셨습니다. 그런데 저와 저희 조상들이 하나님의 말씀을 무시하고, 우상의 제물을 먹는 죄를 지었습니다. 조상신에게 바쳤던 제사 음식을 먹고 마심으로 제사 음식에 붙어있던 악한 영들을 함께 먹고 마셨습니다.

"그러나 이 지식은 모든 사람에게 있는 것은 아니므로 어떤 이들은 지금까지 우상에 대한 습관이 있어 우상의 제물로 알고 먹는 고로 그들의 양심이 약하여지고 더러워지느니라(고전 8:7)."

하나님 아버지, 저와 저희 가정이 제사 음식이 우상의 제물인 것을 알고도 먹어 양심이 약해지고 더러워졌습니다. 저희의 몸도 병들고 약해졌습니다. 이 악한 죄를 회개하오니 용서해주시고, 저희의 몸과 마음을 회복시켜 주시옵소서.

하나님, 우상숭배 하는 자들과 사귀지도 말고, 음식도 함께 먹지 말라 하셨는데(고전 5:11), 저와 저희 조상들은 각종 명목으로 별의별 날을 다 잡아 제사 지내며 조상신을 초청하고, 그들을 위해 준비한 음식을 함께 먹는 죄를 지었습니다. 저희 몸은 하나님의 '거룩한 성전'입니다[7](고전 3:16-17). 성령께서 저희 몸에 거하시도록 거룩하게 살지 않고, 제사 지내므로 악한 영들을 불러들여 저희 몸과 마음을 더럽히고, 악한 영들이 저희의 삶과 환경에 역사하게 만들었습니다.

[7] 고전 3:16절은 "너희는 너희가 하나님의 성전인 것과 하나님의 성령이 너희 안에 계시는 것을 알지 못하느냐"고 기록하여 사람의 몸이 성령이 거하실 전임을 밝히고 있다. 고전 6:19와 고후 6:16 등에 동일한 말씀이 기록되어 있다.

그래서 하나님을 믿으면서도 악한 영들에게 눌리고, 옛 습성을 완전히 버리지 못하고, 변화되지 못했습니다. 용서해주시옵소서.

하나님 아버지, 저와 저희 가문이 여러 종류의 제사를 위와 같은 방법으로 정성껏 지낸 죄를 이 시간에 회개합니다.

유교적 상례를 따라 상을 치른 죄를 회개합니다

하나님 아버지, 저와 저희 가문의 조상들이 초혼하는 죄를 지었습니다. 조상이 세상을 떠나면 그 윗옷을 가지고 지붕에 올라가 죽은 사람의 이름을 세 번 부르며 초혼했습니다. 지방에 따라 차이가 있지만, 조상들이 죽을 때마다 밥, 동전, 짚신 등을 얹어 사자상[8]을 차리고, 그 앞에서 죽은 사람의 영혼을 부르는 죄를 지었습니다.

초혼한 후에는 빈소를 차렸습니다. 과거에는 가정집 방 한 칸에 빈소를 차려 상 위에 영정 사진을 두거나 벽에 걸어두었습니다. 그리고 그 옆이나 아래쪽에 죽은 사람의 이름을 적은 위패[9]를 두고, 아침저녁으로 밥과 국을 올리며 절했습니다. 발인하기 전까지 일가친척과 친지들이 조문이란 명목 아래 빈소를 찾아와 죽은 사람에게 절하며 우상숭배 했습니다. 저희 가정만 우상숭배 하는데 그치지 않고, 일가친척과 친지들까지 우상숭배에 동참하게 만든 죄를 회개합니다. 용서해주시옵소서.

하나님, 저와 저희 조상들이 유교적 상례를 따라 삼일장, 사일장, 오일장 등 가정의 형편에 따라 발인 날짜를 정하고, 기한이 되기까지 지극 정성을 다해 죽은 조상을 애도한 죄를 회개합니다. 발인하는 날 발인제를 지내고, 시신을 상여에 옮길 때 고사를 지내고, 상여를 떠나보내기 전에 술과 음식

[8] 저승사자를 대접하기 위해 제물을 차려 놓은 상이다.
[9] 신주는 죽은 사람의 영혼을 모시는 나무패를 가리킨다.

을 차려 고사 지냈습니다. 상여 행렬이 가는 길 도중에 절친한 친구가 휘장을 치고 제물을 준비하고 있으면 그 집 앞에 멈춰 노제를 지내기도 했습니다. 또 상여가 지나가는 도중에 죽은 사람과 관련된 장소가 있으면 멈춰서서 곡을 했습니다.

장지가 멀어 하루 만에 도착하지 못하면 30리마다 상여를 멈추고, 아침저녁으로 곡하며 제사 지냈습니다. 상여가 장지에 도착하면 또 곡을 하며 영구를 내렸습니다. 장지에서 영정 사진과 신주(위패)를 들고 서 있거나 한 곳에 보관하면 혼백이라 부르는 영들이 찾아와 그 안에 깃든다고 생각하고, 분향한 다음에 곡하며 하관제를 지냈습니다. 회개합니다. 용서해주시옵소서.

시체를 매장했기 때문에 혼이 방황할 수도 있다고 해서 초우제 지냈고, 장례를 마친 후 삼 일째 되는 날 산소에 가서 삼우제 지냈습니다. 오늘날 저희 가정은 하나님을 믿는다고 하면서도 여전히 유교식 상례를 따라 장례 후 삼 일째 되는 날 산소를 찾아갑니다. 형식만 바뀌었을 뿐이지 삼우제 지내던 정신을 그대로 이어 온 것을 인정하고 회개합니다. 장례를 마친 후에는 신주를 집에 모셔놓고 탈상[10]했습니다. 신주를 사당에 모실 때까지 아침저녁으로 음식을 올리며 정성을 다해 조상신을 섬긴 죄를 회개합니다. 용서해주시옵소서.

|10| 탈상은 상복을 벗고 평상시 입던 옷을 입을 수 있고 음식도 제한하는 것 없이 자유롭게 먹게 되는, 즉 죽은 자에게 3년 동안 갖추었던 예를 끝내는 것을 말한다. 탈상 이후에는 기일 등에 제사만 지내게 된다.

하나님, 저와 저희 조상들이 이렇게 집안과 마을에 상이 날 때마다 장례 행렬에 앞장서기도 하고 뒤따르기도 하며 죽은 사람을 위해 곡했습니다. 시신이 있는 상여 앞에 제사상을 차려 놓고 죽은 사람에게 절하며 우상숭배 했습니다. 저와 저희 가문이 창조주 되시는 하나님 아버지께는 애통한

마음으로 나아가지 않으면서 죽은 사람을 위해서는 수시로 곡하며 탈상할 때까지 최선을 다해 섬긴 죄를 회개합니다.

지난 수백 년간 제사를 지내며 사자(死者)에게 역사했던 악한 영들을 불러들여 우상으로 섬기는 죄를 지었습니다. 하나님께서 "너희 자신을 종으로 내주어 누구에게 순종하든지 그 순종함을 받는 자의 종이 되는 줄을 너희가 알지 못하느냐…(롬 6:16)"고 말씀하셨는데, 저와 저희 가문이 조상신을 우상으로 숭배하여 조상신에게 순종함으로 저희를 악한 영들의 종으로 내어주었습니다. 그 결과 축복의 통로가 막혀 하나님이 허락하신 복을 제대로 받지 못하고, 누리지 못했습니다. 오히려 악한 영들의 지배를 받아 저희의 영·혼·육이 눌리고, 저희의 환경이 묶였습니다. 이 시간에 뒤늦게라도 저희의 죄를 깨달아 진심으로 회개하오니 용서해주시옵소서.

하나님, 저와 저희 조상들이 유교적 상례를 따라 죽은 조상의 1주기에 소상을 지냈고, 2주기에 대상을 지냈습니다. 대상 지낸 후 삼 개월이 되는 달에 담복을 입었고, 사당에서 담제를 지냈습니다. 그리고 담제 다음날로부터 삼순[11] 중에 하루를 택해 길제를 지냈습니다. 많은 집이 소상 때 탈상하거나 대상 지내고 탈상했지만, 사대부가에서는 길제를 지낸 후 삼 년 만에 탈상했습니다. 삼년상을 치러야 조상을 잘 섬긴 것으로 생각했기 때문입니다. 죽은 조상 한 사람을 위해서 삼 년 동안 수차례 제사 지내며 우상숭배 한 죄를 회개합니다.

  오늘날 저희 가정이 하나님을 섬기면서는 이렇게 목표를 정해서 마음을 다해 섬기지 못했습니다. 적당하게 하나님을 믿으며 복을 받는 일에만 관심을 두었습니다. 저희의 악함을 회개하오니 용서해주시옵소서.

[11] 삼순은 상순, 중순, 하순으로 분류하며 30일을 가리킨다.

기일에 제사 지낸 죄를 회개합니다

하나님 아버지, 저와 저희 가문이 조상이 죽은 날에 조상을 섬기기 위해 기제사 지냈습니다. 부모, 조부모, 증조부모, 고조부모 등 네 대의 조상신을 모시고 우상숭배 했습니다. 저희가 전통적으로 기제사를 중요하게 생각해서 모든 제사 중에 가장 우선순위에 두고 지냈고, 제사 음식도 가장 풍성하게 차렸습니다. 기제사 지내기 위해 며칠 전부터 술과 고기를 먹지 않고 음악도 듣지 않는 등 정결하고 깨끗한 생활과 마음을 준비했습니다. 제사 당일에는 검정 두루마기, 흰옷, 흰 띠를 착용해 조상신에게 정성을 표했습니다.

저녁에는 제사 지내는 방 출입을 금하고 일찍부터 대문을 열고 빨랫줄을 푸는 등 조상신이 오는 데 방해가 되지 않도록 세심하게 준비했습니다. 사랑채에서 머물다 자시가 되면 제사 지내는 방에 들어가 준비해 둔 지방을 붙이고 제사상을 차렸습니다. 기제사를 지내며 "자신이 미워하는 자의 죄를 갚되 아버지로부터 아들에게로 삼사 대까지 이르게 한다(출 20:5)"는 하나님의 두려운 말씀이 저희 가정에 임하게 했습니다. 하나님을 믿고 성경을 읽으면서도 제사가 이렇게 악한 죄라는 것을 깨닫지 못하고 제사 지낸 죄를 회개합니다. 용서해주시옵소서.

사시제 지낸 죄를 회개합니다

하나님 아버지, 저와 저희 가문이 고려 공양왕(1390) 때부터 계절에 따라 사시제(四時祭)를 지냈습니다. 국가 사시제는 1월, 4월, 7월, 10월 중에 거행했고, 사대부가는 그다음 달인 2월, 5월, 8월, 11월 중에 길일을 골라 제사 지냈습니다. 부모, 조부모, 증조부모, 고조부모 네 대의 조상신을 사시제의 대상으로 삼아 섬겼습니다. 조상들이 돌아가신 날에 한 대씩 지내는 기제사와 다르게, 제주로부터 가까운 네 대의 조상신을 한 자리에 모시고 특별히 신경 써서 제사 지냈습니다. 제사 후에는 친척과 이웃들에게 술과 음식을 대접하며 잔치를 벌였습니다. 친척과 이웃들에게 우상에게 바쳤던 음식을 먹고 마시게 했습니다. 그리고 저희도 친척과 이웃들의 제사에 참여해서 제사 음식을 먹고 마시는 죄를 지었습니다. 회개합니다. 용서해주시옵소서.

차례 지낸 죄를 회개합니다

하나님 아버지, 저와 저희 조상들이 차례를 지내며 우상숭배 했습니다. 매달 초하룻날, 보름날, 명절날, 조상의 생일 등에 팔촌 이내 가문의 친척들과 함께 모여 낮에 차례를 지냈습니다. 명절 때 살아 있는 사람들만 즐겁게 보내기 미안해서 제사 예법에도 없는 제사를 만들어 장손 집에서부터 다음 항렬 집으로 차례대로 돌아가며 네 대의 조상들을 한 자리에 불러놓고 제사 지냈습니다. 보통은 약식으로 고기 없이 여러 가지 음식으로만 제사상을 차리고 술도 한 번만 따랐지만, 저와 저희 조상들은 기제사와 비슷한 수준으로 준비해서 정성을 다해 지냈습니다. 설날에는 집에서, 한식과 추석에는 묘소에 가서 차례 지낸 죄를 회개합니다. 용서해주시옵소서.

하나님, 그렇지 않아도 기제사 지내며 네 대의 조상들에게 역사했던 악한 영들을 불러들였는데, 사시제와 차례를 지내며 이것들에게 더욱 힘을 실어주었습니다. 팔촌 이내의 친척들 집을 차례대로 돌아가며 우상숭배 해서 온 가문이 함께 망하는 길을 걸어갔습니다. 이 크고 두려운 죄를 깨닫고 회개하오니 긍휼히 여기셔서 저희 가정과 친척들에게 역사하는 악한 영들을 제거해 주시고, 이 악한 영들의 영향에서 벗어나게 해 주시옵소서.

주님께서 저희의 주인이 되셔서 저희를 인도해 주시옵소서.

묘제 지낸 죄를 회개합니다

하나님 아버지, 저와 저희 가문이 기제사, 사시제, 차례 때 제사 지내지 않은 오대조 이상의 조상들을 위해 음력 10월에 팔촌 이내의 친척들과 함께 일 년에 한 번 산소에 찾아가 묘제 지냈습니다. 산소를 잃어버리거나 산소에 갈 수 없을 때는 연고지에 제단을 설치해서라도 빠트리지 않고 제사 지낸 죄를 회개합니다. 묘제가 끝난 후에는 전통의 풍습에 따라 모든 제사 음식을 나눠 먹었습니다. 산소에 절하며 묘에 있는 귀신들을 숭배하고, 조상신에게 바친 음식 나눠 먹은 죄를 회개합니다. 용서해주시옵소서.

하나님, 대개 조상이 죽으면 가문이 소유하고 있는 선산에 묘를 썼습니다. 높은 대가 묘터를 정하면 항렬이 낮은 조상이 그 아래쪽에 터를 정하고 묘를 썼습니다. 윗대 조상들이 묘사의 대상이라 대부분 높은 곳에 묘가 있어서 이 산 저 산을 오르내리며 묘제 지냈지만 불평하지 않았습니다.

그런데 오늘날 저희 가문에서 하나님을 믿는 사람들은 하나님을 섬기면서 불평을 쏟아 낼 때가 많습니다. 왜 이렇게 쓸데없이 예배가 많고, 왜 헌금을 내야 하냐고 불평했습니다. 시간에 쫓겨 쉴 시간도 없는데 왜 교회에서 봉사하고 전도하라고 강요하냐며 불평했습니다. 또한, 교역자들이 성경 읽고 기도하라고 말하면 잔소리로 들으며 먹고 살기 위해서 할 일이 얼마나 많은지 현실을 모른다고 불평했습니다. 하나님, 정말 부끄럽고 죄송합니다. 긍휼히 여겨주시옵소서.

시조 제사와 선조 제사 지낸 죄를 회개합니다

하나님 아버지, 저희 조상들이 유교 사회에 살면서 조상을 공경하는 것을 최고의 덕목으로 삼았습니다. 많은 사람이 제사를 지냈지만, 사대부 집안은 더욱 엄격하게 제사를 지내며 적극적으로 우상숭배에 가담했습니다. 시조를 최초에 사람을 낸 조상으로 생각해서 시조를 위해 특별히 제사를 지냈습니다. 동지는 하나의 양이 처음으로 생겨나는 때인 만큼 이를 상징하는 뜻으로 동지에 시조 제사를 지냈습니다. 제사 지내기 사흘 전에 재계하고, 하루 전에 신위를 마련하는 등 정성을 다했습니다.

또 저와 저희 조상들이 2세부터 6세의 선조를 위해 처음으로 만물을 내는 때인 입춘에 선조 제사를 지냈습니다. 시조 제사와 같이 삼 일 전에 재계하고, 하루 전에 신위를 마련하고, 제기를 진설했습니다. 다음 날 아침 일찍 일어나 채소와 과일, 술, 찬물을 진설했습니다. 동틀 무렵에 성복[12]하고, 신위에 나아가 강신[13]하고, 참신[14]하는 등 시조 제사를 지낼 때의 의절을 따라 제사 지냈습니다. 용서해주시옵소서.

하나님, 기일제, 사시제, 차례를 지내며 제주로부터 위로 네 대의 조상에게 역사했던 귀신을 섬기고, 시조 제사와 선조 제사를 지내며 시조로부터 여섯 대의 조상신을 섬기고, 묘제를 지내며 문중 산에 묻혀 있는 오대조 이상의 모든 조상을 우상숭배 하는 악한 죄를 지었습니다.

저희가 수십 대에 걸쳐 역사하는 귀신을 숭배하고, 그 귀신들을 불러들여 그것들의 지배를 받고 살았습니다. 지난 수백 년간 쌓인 우상숭배의 죄를 철저하게 회개하지 않아, 아직도 제사 지낼 때 합법적으로 들어온 악한 영들의 영향에서 벗어나지 못했습니다. 그 결과 하나님께서 주신 좋은 은사가 이 악한 영들 때문에 빛을 보지 못해서, 무능하고 무기력하게 살 때가 많았습니다. 각종 제사로 조상신 섬긴 우상숭배의 죄를 마음을 다해

[12] 상례에서 시신을 입관한 다음 날 상제들이 복제에 따라 상복을 입는 절차이다.
[13] 혼령을 모시기 위해서 향을 피우고 술을 잔에 따라 모사(茅沙) 위에 붓는 제사의 한 절차이다.
[14] 신(神)을 대면하는 제례 절차이다.

회개하오니 이 더러운 영들을 제거해 주시고, 저희가 주님을 위해 열정을 가지고, 세상에 당신의 영광을 드러내며 살아갈 수 있도록 은혜를 베풀어 주시옵소서.

이제, 사갑제, 생일 제사 지낸 죄를 회개합니다

하나님 아버지, 저와 저희 가문의 조상들이 부모가 각별한 존재였기 때문에 부모를 위해 여러 종류의 제사를 지내주었습니다. 먼저 만물이 이뤄지는 9월에 매년 세상 떠난 부모를 위해서 이제[15] 지냈습니다. 제사 지내기 전달 하순에 택일하여 사당에 있는 조상신에게 제사 지낸다고 미리 알렸습니다. 또 세상 떠난 부모의 생일에 부모의 은덕을 생각하며 생일 제사 지냈고, 세상 떠난 부모의 환갑을 챙겨서 사갑제도 지냈습니다. 저희가 효를 강조하는 유교 사상과 부모에 대한 인간적인 마음으로 특별히 정성을 다해 제사 지낸 죄를 회개합니다. 하나님께서 저와 저희 조상들을 지으신 유일한 아버지신데, 저희가 그 사실을 몰라서 세상 떠난 부모를 기념했습니다. 용서해주시옵소서.

[15] 이제는 가까운 사람의 제사를 의미한다.

연시제 지낸 죄를 회개합니다

하나님 아버지, 저와 저희 조상들이 정월 초하룻날 아침에 연시제 지내며 우상숭배 했습니다. 제주를 기준으로 세상 떠난 부모, 조부모와 함께 새해를 시작하기 위해 연시제 지냈습니다. 세상 떠난 부모와 조부모가 가족들을 지켜주고, 복을 가져다주기를 바라는 마음으로 이들을 섬겼습니다. 연시제 지내며 부모와 조부모에게 역사했던 더러운 영들을 저희 가정에 불러들이고, 부모의 죄를 끊기는커녕 답습하여 하나님께서 보시기에 더욱 악하게 살았습니다. 용서해주시옵소서.

동제(洞祭) 지낸 죄를 회개합니다

하나님 아버지, 저와 저희 조상들이 동제 지내며 우상숭배 했습니다. 동신제, 서낭제, 당산제, 당제, 도당굿, 당굿 등 다양한 이름으로 불릴 만큼 여러 지역에서 공통으로 많이 지냈습니다. 온 마을 사람들이 질병과 재앙에서 풀려나고, 농사가 잘되고 고기를 잘 잡게 해 달라는 같은 목적을 가지고 제사에 참여했습니다.

"이르시되 너희가 너희 하나님 나 여호와의 말을 들어 순종하고 내가 보기에 의를 행하며 내 계명에 귀를 기울이며 내 모든 규례를 지키면 내가 애굽 사람에게 내린 모든 질병 중 하나도 너희에게 내리지 아니하리니 나는 너희를 치료하는 여호와임이라(출 15:26)."

하나님의 말씀대로 살면 질병에서 자유하고 또 치료하시는 여호와의 손길을 경험할 수 있는데, 저와 저희 조상들과 온 마을 사람들이 이 사실을 알지 못해서 동제를 지냈습니다. 오직 하나님께서 생사화복을 주관하시는데, 잘 먹고 잘살기 위해 동제 지내며 우상숭배 한 어리석은 죄를 회개합니다. 용서해주시옵소서.

하나님, 저와 저희 조상들이 산신, 서낭신, 토지신, 용신, 부군신, 국수신, 천신 등을 동제의 대상으로 삼아 섬겼습니다. 지역에 따라서는 공민왕신, 태조대왕신을 섬겼고, 김유신 장군신, 임경업 장군신, 남이 장군신 등을 동제의 대상으로 삼기도 했습니다. 영남의 동해안 지역은 골매기, 제주도는 도깨비를 동제의 대상으로 삼아 섬겼습니다. 음력 정초에 택일해서 정월 초이틀이나 사흘에 동제 지내거나 보름날에 동제 지냈습니다.

마을 사람이 제관이 되어 제사를 지내기도 했고, 무당과 같은 전문적인 사제가 주관하는 굿 형태로 지내기도 했습니다. 동제의 제관으로 선출된 사람은 어류와 육류를 먹지 않고, 술과 담배를 끊으며, 매일 찬물로 목욕재계했습니다. 또 부부가 한방에 들지 않고, 출입문 밖에는 금줄을 치고, 황토를 펴서 외부 사람들이 들어오는 것을 금하는 등 부정을 제하는 의식을 거행했습니다. 내륙에서는 주로 마을의 안녕과 풍농을 기원하며 풍농제를, 어촌에서는 마을의 안녕과 풍어를 기원하며 풍어제를 지냈습니다. 동제가 끝나면 이튿날 아침에 당주[16] 집에 모여 동제에 차렸던 제물을 골고루 나눠 먹었습니다. 용서해주시옵소서.

[16] 나라에서 지내는 기우제(祈雨祭), 기설제(祈雪祭), 기청제(祈晴祭) 따위에서 기도를 맡아 하던 맹인(盲人) 무당이다.

기우제와 기청제 지낸 죄를 회개합니다

하나님 아버지, 저와 저희 가문의 조상들이 농업을 기반으로 살았기 때문에, 비가 제때 내리지 않으면 농사가 망해서 먹고 살기가 힘들었습니다. 그래서 온 마을 사람들과 함께 기우제 지내며 비를 내려달라고 빌었습니다. 가뭄이 들면 국가 차원에서, 지방 관청 차원에서, 마을 차원에서, 각종 기우 의례를 따라 기우제를 지냈습니다.

또한, 주술적인 행위를 포함한 가능한 모든 방법을 동원해 기우제를 지냈습니다. 비가 오지 않아 시장을 옮기거나 도축을 금하거나 용을 그려서 들고 다니며 용신에게 비를 내려 달라고 빌었습니다. 하늘과 땅과 산과 종묘와 부처에게 제사 지냈고, 무당과 중들을 불러 모아 제사를 지내기도 했습니다. 예로부터 4월과 7월 사이에는 연중행사로 기우제 지낸 죄를 회개합니다. 용서해주시옵소서.

하나님께서 "내가 오늘 너희에게 명하는 내 명령을 너희가 만일 청종하고 너희의 하나님 여호와를 사랑하여 마음을 다하고 뜻을 다하여 섬기면 너희의 땅에 이른 비 늦은 비를 적당한 때에 내리시리니 너희가 곡식과 포도주와 기름을 얻을 것이요(신 11:14-15)"라고 말씀하셨습니다. 그런데 저와 저희 조상들은 하나님을 믿지 않아 하나님의 말씀을 깨닫지 못했습니다. 때에 따라 비를 주시는 분은 하나님이신데, 기우제를 지내며 비를 얻으려 한 어리석은 죄를 용서해주시옵소서.

하나님, 입추 후까지 장마가 계속되어 흉년이 예상되면 날이 개기를 기도하며 나라에서 기청제 지낸 죄를 회개합니다. 사대문, 종묘, 북교 등과 명산대천 등에서 많은 공물과 희생을 바치며 제사 지냈습니다. 그리고 무당에게 기도를 올리게 했습니다. 민간에서도 기청제를 기우제와 비슷한 형식으로 지내며 비가 그치기를 빌었습니다. 용서해주시옵소서.

용신제 지낸 죄를 회개합니다

하나님 아버지, 저와 저희 가문의 조상들이 신라 시대, 고려 시대, 조선 시대를 거치는 동안 내내 갯제, 풍어제, 해신제 등으로 불리는 용신제를 지냈습니다. 특히 신라 시대 불교의 호국룡(護國龍) 신앙에 의해 용왕 숭배가 강화되었습니다. 용왕은 재래의 수신(水神) 신앙에 불교와 도교의 용 신앙이 결합한 것입니다.

저와 저희 조상들이 용왕이 물을 관리한다고 믿어서 정월 열 나흗날, 대보름, 정초, 이월, 삼월삼짇날, 사월초파일, 칠월칠석, 시월, 섣달그믐 등 다양한 날에 용신제 지냈습니다. 대게 일 년에 한두 번 지냈지만, 특정 횟수를 정하지 않고, 집안에 특별한 일이 있을 때마다 수시로 지내기도 했습니다. 연안 마을에서는 제사 끝나고 용왕이 바다로 돌아가기 편하라고,

밀물 때를 택해서 용왕제를 지냈습니다. 용서해주시옵소서.

하나님, 저와 저희 조상들이 풍어와 풍농, 평안과 태평을 기원하며 용왕제 지낸 것과 우물과 샘이 마르지 않고 깨끗하게 계속 나오도록 기원하며 용왕제 지낸 것을 회개합니다. 또 액막이, 수재 예방, 아이의 점지 및 무병장수를 위해 용왕제 지내고, 어로, 뱃길, 무사 항해를 빌며 용신에게 제사 지낸 죄를 회개합니다. 바다, 강, 우물, 샘 등 물이 있는 곳이면 어디서든 용왕제를 지냈습니다. 마을마다 정해진 몇 개의 장소가 있지만, 점쟁이가 알려준 샘물이나 바위 앞에서 무당을 불러서 굿하며 제사 지냈습니다. 거리제와 습합된 경우는 다리나 물 근처의 길목에서 용왕제를 지냈고, 때로는 장독대 앞에서 지내기도 했습니다.

저희가 개울과 같이 물이 흐르는 곳에는 흐를 용왕을, 샘과 같이 물이 솟아나는 곳에는 솟을 용왕을, 대보름에는 농사짓는 용왕을, 이월에는 바람할매 용왕을 섬겼습니다. 용서해주시옵소서.

부녀자들이 중심이 되어 용왕제 지냈고, 때때로 남자들도 동참하여 함께 우상숭배 했습니다. 용왕제를 지내는 주변 동서남북에 소금을 뿌리거나 소금 대신 된장을 물에 흘러보내며, 잡귀를 물리치고 부정을 없애기도 했습니다. 그리고 나면 짚을 깔고 제수로 메, 편, 미역, 명태, 삼색과실, 초, 소지 등을 마련했습니다. 부녀자들이 절을 하고 평안과 태평을 기원하며 용왕에게 먼저 소지를 올리고, 그다음에 대주[17], 아들, 딸 등의 소지를 올렸습니다. 소지 대신 용왕에 대한 헌물로 한지나 김에 밥을 싸서 만든 쌈을 물에 던져 넣기도 했습니다. 이때 식구나 특정 사람의 이름을 부르며 쌈을 던졌습니다. 쌈이 가라앉지 않으면 불길하게 생각해서 가라앉을 때

[17] 여자가 자기 집의 바깥주인을 이르는 말.

까지 계속 쌈을 던지며 복을 빌었습니다.

저와 저희 조상들이 소지 올린 뒤에는 상을 거두고, 제사 장소 주변에 떠도는 잡귀들을 위해서 제물을 조금씩 떼어 주변에 두었습니다. 그리고 제물 일부를 바가지에 담아 촛불을 밝힌 뒤 물에 띄워 보내거나 진설하기 위해 간 짚으로 조그만 배를 만들어서 그 안에 종짓불과 미역 등을 넣어 띄워 보냈습니다. 이렇게 하면 바가지 또는 짚으로 만든 배가 액을 가지고 멀리 떠내려간다고 믿었습니다. 남은 제물은 집으로 가져와 식구들끼리 나눠 먹었습니다. 이튿날 아침에 용왕제 때 사용한 미역으로 국을 끓여 먹기도 했습니다. 이 모든 죄를 회개합니다. 용서해주시옵소서.

이 외에도 각종 제사로 우상숭배 한 죄를 회개합니다

하나님 아버지, 저와 저희 조상들이 한식날에 성묘 가서 조상들의 묘를 찾아 돌보며 제사 지낸 죄를 회개합니다. 저희 가정이 교회를 출석하면서도 아직도 한식날에 성묘하러 가는 옛 풍습에서 완전히 벗어나지 못했습니다. 용서해주시옵소서.

저와 저희 조상들이 종손이 거처하는 집의 방 동쪽에 사당을 지어 조상의 신주를 모시고, 아침저녁으로 살아 있는 부모님을 대하듯이 죽은 조상에게 문안 인사했습니다. 또 외출할 때나 돌아왔을 때 사당을 찾아 참배하고, 정월 초하루, 매월 초하루, 보름에 참배하며 우상숭배 했습니다. 그리고 집안에 무슨 일이 발생하면 사당을 찾아가 알리고, 죽은 조상들에게 도움을 요청하는 죄를 지었습니다. 회개합니다. 용서해주시옵소서.

하나님, 저희 조상들이 성균관이나 향교[18]에서 유학을 배울 때 대성전을

[18] 조선 시대 지방 교육기관을 일컫는다.

지어 공자를 비롯한 훌륭한 다른 유학자들에게 제사 지낸 죄를 회개합니다. 대성전 안에 '대성지성문선왕(大成至聖文宣王)'[19]이라고 쓴 공자의 위패를 중심으로 중국의 성인과 현인을 모셨습니다. 공자의 영정은 조선 중기에 당나라 화가의 작품을 받아왔습니다. 다양한 향교에서 매년 봄과 가을[20]에 두 차례 공자를 중심으로 중국오성[21]과 송조육현[22] 및 우리나라의 유학자 설총, 최치원, 정몽주, 이황 등 18현의 위폐를 갖다 놓고 제사 지냈습니다. 회개합니다. 용서해주시옵소서.

하나님 아버지, 저와 저희 조상들이 산신을 두려워했습니다. 산이 노하면 가문이 망한다고 믿어서 묘사를 지내기 전에 산신제부터 지냈습니다. 산에 묘를 쓸 때 산신제를 지내며 피조물에 우상숭배 하는 죄를 지었습니다. 하나님께서 지으신 동산을 우상숭배의 대상으로 삼은 것을 진심으로 회개합니다. 용서해주시옵소서.

또 저와 저희 조상들이 집터를 관장하는 토지신에게 일 년에 한두 차례 정월 초순에 길일을 택해서 한 해 동안 집안의 행운을 빌며 토신제 지낸 죄를 회개합니다. 혹 정월에 부정한 일이 있어 지내지 못하면 봄에 택일해서 지냈습니다. 집을 신축하거나 무덤을 옮기거나 보수할 때도 토신제를 지내며 땅을 신으로 섬겼습니다. 용서해주시옵소서.

하나님, 저와 저희 조상들이 조선 시대 이전에도 제사를 지냈지만, 조선 시대에 들어와서 본격적으로 제사를 지내기 시작했습니다. 어떤 집안은 아직도 제사를 지내고 있습니다. 지난 수백 년간 제사를 지내며 악한 영들이 저희 가정과 가문에 뿌리내리게 했습니다. 제사로 우상숭배 해서 저희

[19] 대성은 큰 성인을 일컫고, 문선왕은 공자의 시호(諡號)이다.
[20] 음력 2월, 8월
[21] 공자, 한자, 증자, 자사자, 맹자
[22] 조선 시대에, 문묘에 모시고 제사를 지내던 중국 송나라의 여섯 명현(名賢). 주돈이, 정호, 정이, 소옹, 장재, 주희를 이른다.

의 앞길을 스스로 막아버렸습니다. 앞길이 끊어져서 노력해도 일이 풀리지 않고 길이 열리지 않아 좌절하고 주저앉을 때가 많았습니다. 또 저희의 믿음, 영적 성장, 주님과의 교제 등을 훼방 받았습니다. 저희를 불쌍히 여겨주시옵소서.

긍휼과 자비가 넘치시는 하나님 아버지,
이 시간 마음을 다해 회개하며 각종 제사로 우상숭배 한 악한 길에서 돌이킵니다. 하나님께로 돌아오면 하나님께서도 돌이키신다고 약속하셨으니 (신 30:9) 저의 회개를 받으시고, 저희 가문이 제사 지내며 우상숭배 한 악한 죄를 용서해주시옵소서. 하나님께서 가장 싫어하시는 우상숭배로 인해 저와 하나님 사이에 막힌 모든 담을 허물어 주시고, 하나님과 저희 가정과 가문에 막힌 모든 담을 허물어 주시옵소서. 또한, 우상숭배를 근거로 이 나라 공중에 역사하고 있는 악한 영들도 제거해 주시옵소서.

하나님 아버지, 부족한 저와 저희 가정을 택하시고 불러주셔서 이 더럽고 악한 죄를 회개할 기회를 주시니 감사합니다. 저희가 회개할 때 주님께서 앞서가시고 인도해 주시옵소서. 저희가 주님을 의지하여 끝까지 회개해서 이 영적 전투에서 승리하게 해 주시옵소서. 저와 저희 가정과 가문을 축복의 통로로 세워주시고, 하나님의 뜻이 온전히 이루어지는 집안이 될 수 있게 해 주시옵소서.

예수 그리스도의 이름으로 기도합니다. 아멘.

부처·불교를
믿고 섬긴 죄를
회개합니다

BUDDHISM

2. | 우상숭배 |

부처·불교를 믿고 섬긴 죄를 회개합니다

하나님 아버지, 석가모니[1]가 35세에 큰 깨달음을 얻어 각 지역을 돌아다니며 수많은 사람들을 미혹했습니다. 하나님과 말씀 앞에서 자신을 깨달았다면, "저는 죄인입니다. 하나님의 특별한 은혜가 필요한 자입니다"라고 고백했을 것입니다. 그러나 석가모니는 삼보[2]에 귀의해야 하고, 사홍서원[3]의 원력을 세워야 하고, 육바라밀[4]을 수행하여 열반[5]에 이르러야 한다고 가르쳤습니다. 석가모니가 죽은 후에는 그를 대신해서 부처상을 세워놓고 우상숭배 했습니다. 저와 저희 조상들이 이 거짓 가르침을 받아들이고 섬긴 죄를 회개합니다.

[1] 석가족에서 나온 성자. 본명은 '고타마 싯다르타'이다.
[2] 불(佛): 부처에 돌아가 의지하는 일, 법(法): 부처의 가르침으로 돌아가 의지하는 일, 승(僧): 승려, 또는 그들이 사는 사회에 돌아가 의지하는 일.
[3] 모든 보살의 네 가지 큰 서원으로 모든 중생을 제도하고, 모든 번뇌를 끊고, 모든 가르침을 배우고, 불도를 이루는 것이다.
[4] 보살이 열반에 이르기 위해 실천해야 할 여섯 가지 덕목. 보시(布施), 인욕(忍辱), 지계(持戒), 정진(精進), 선정(禪定), 지혜를 이른다.
[5] 모든 번뇌의 얽매임에서 벗어나고, 진리를 깨달아 불생불멸의 법을 체득한 경지.

"너를 위하여 새긴 우상을 만들지 말고 또 위로 하늘에 있는 것이나 아래로 땅에 있는 것이나 땅 아래 물속에 있는 것의 어떤 형상도 만들지 말며 그것들에게 절하지 말며 그것들을 섬기지 말라(출 20:4-5상)"고 하신 하나님의 말씀을 저와 저희 조상들이 거역했습니다. 하나님께서 가장 싫어하시고 미워하시는 우상숭배를 하여 하나님의 진노를 샀습니다. 지난 수천 년간 불교를 믿고, 부처를 따른 우상숭배의 죄가 저희 가문에 가득합니다.

하나님, 저희가 하나님의 심판을 받아야 마땅합니다. 그러나 하나님께서 은혜를 베푸셔서 하나님을 믿게 하시고, 아버지라 부르게 하시고, 자녀 삼아 주시니 감사드립니다. "만일 우리가 우리 죄를 자백하면 그는 미쁘시고 의로우사 우리 죄를 사하시며 우리를 모든 불의에서 깨끗하게 하실 것이요(요일 1:9)"라고 말씀하신 하나님의 말씀을 의지해서 이 시간 불교를 믿고 부처를 따른 죄를 마음을 다해 회개합니다. 하나님께서 크신 긍휼로 저와 저희 조상들의 죄를 용서해주시고, 모든 불의에서 깨끗하게 해주시옵소서.

석가모니를 신으로 삼아 숭배한 죄를 회개합니다

하나님 아버지, 저와 저희 조상들이 석가모니를 여래[6], 선서[7], 아라한[8], 정각자[9], 세간해[10], 명행족[11]이라고 부르며 우상숭배 했습니다. 온 우주 만물 가운데 경외를 받으서야 할 분은 오직 하나님 한 분 뿐이십니다. 예수님만이 참 진리이시며 세상을 지으신 하나님만이 세상의 이치를 아시는 유일한 분이십니다. 허물이 없으신 분은 오직 하나님 한 분 밖에 없으신데, 석가모니를 허물이 없다고 부른 죄를 회개합니다. 용서해주시옵소서.

하나님, 저와 저희 조상들이 석가모니를 무상사[12], 조어장부[13], 천인사[14], 세존[15]이라고 부르며 우상숭배 하는 죄를 지었습니다. 수많은 사람을 지

---

[6] 참됨을 몸소 갖추고 있는 분이란 뜻.
[7] 뛰어나게 참됨에 다다른 분이란 뜻.
[8] 세상에서 공량과 우러름을 사고 있는 분이란 뜻.
[9] 올바로 깨달음을 얻은 분이란 뜻.
[10] 세상의 이치를 깨달은 분이란 뜻.
[11] 하는 일에 허물이 없는 분이란 뜻.
[12] 가장 높은 자리에 계신 분이란 뜻.
[13] 사람을 다루고 바르게 이끌어 가는 사람이란 뜻.
[14] 신들과 사람들을 가르치는 분이란 뜻.
[15] 세상에서 가능 높이 받들어지는 분이란 뜻.

옥으로 끌고 간 석가모니를 사람을 바르게 이끄는 분이라 고백하고, 신들과 사람들을 가르치는 분이라고 부르며 숭배했습니다. 석가모니는 하나님이 지으신 한 피조물일 뿐인데, 그를 신으로 받들어 다양한 호칭으로 부르며 우상숭배 했습니다. 저와 저희 조상들이 "나 외에는 다른 신을 네게 두지 말라(신 5:7)"는 하나님의 말씀을 거역하고, 석가모니를 우상으로 삼아 숭배한 죄를 진심으로 회개합니다. 용서해주시옵소서.

하나님, 저와 저희 조상들이 석가모니의 가르침을 받아들여 사람의 노력으로 열반에 이르기 위해 힘쓰고 애쓰는 죄를 지었습니다. 한때는 아라한이 되는 것을 목표로 삼아 온갖 번뇌를 끊기 위해 수련했고, 사제[16]의 이치를 깨달아 공덕을 갖추기 위해 노력했습니다. 또한, 생사를 초월하여 배울 만한 법도가 없게 된 경지의 부처가 되기 위해 수행했습니다. 이 악한 죄를 회개하오니 용서해주시옵소서.

[16] 세상에서 가장 높이 받들어지는 분이란 뜻.

석가탄신일을 기념한 죄를 회개합니다

하나님 아버지, 저와 저희 조상들이 오래전부터 부처가 태어난 날을 축하하고 기념하는 죄를 지었습니다. 1975년부터 부처가 태어난 날을 초파일, 석가탄신일, 부처님 오신 날 등으로 부르며 국가 공휴일로 지정해서 부처를 기념했습니다. 매해 초파일 몇 주 전부터 절뿐만 아니라 공원과 도로 곳곳에 연등을 달아 축제 분위기를 형성했습니다. 거리를 행진하며 부처의 탄생을 축하하는 축제를 열고, 적극적으로 동참하는 죄를 지었습니다. 연등을 사서 절에 달기도 하고, 때로는 거액을 들여 불당 안에 있는 부처상에 연등을 달아주기도 했습니다.

"그들의 우상들을 섬기므로 그것들이 그들에게 올무가 되었도다(시 106:36)."

저와 저희 조상들이 부처를 섬긴 것이 저희에게 올무가 되어 하나님께서 기뻐하시는 삶을 살지 못한 죄를 회개합니다. 용서해주시옵소서.

절을 지어 이 땅을 우상의 소굴로 만든 죄를 회개합니다

하나님 아버지, 저와 저희 조상들이 하나님께서 지으신 금수강산에 통도사, 해인사, 송광사, 전등사 등 셀 수 없이 많은 절을 세웠습니다. 어느 산에 가도 쉽게 절을 목격하고, 목탁 두드리는 소리와 불경 외우는 소리를 들을 수 있을 만큼 이 땅에 많은 절을 세웠습니다. 다른 사람이 지은 것이 아니라 저희 조상들이 지었습니다. 이 부끄러운 죄를 회개하오니 용서해주시옵소서.

　　또 저희가 부끄러운 우상숭배의 흔적을 문화유산으로 여기고, 국가보물로 지정하고, 유네스코에 등재하는 등 많은 돈을 들여 이를 관리하고 있습니다. 관광객들에게 사찰, 불상, 석탑 등을 소개할 때 이를 자랑스럽게 여겼습니다. 저희가 하나님을 자랑하지 않고, 저희를 위해 만든 우상을 자랑했습니다. 이 악한 죄를 용서해주시옵소서.

다양한 불상을 만들어 우상숭배 한 죄를 회개합니다

"너희는 자기를 위하여 우상을 만들지 말지니 조각한 것이나 주상을 세우지 말며 너희 땅에 조각한 석상을 세우고 그에게 경배하지 말라 나는 너희의 하나님 여호와임이니라(레 26:1)."

하나님 아버지, 저와 저희 조상들이 하나님의 말씀을 어기고 불격(佛格)에 따라 불상, 보살상, 나한상, 신장상 등 다양한 종류의 불상을 만들어 섬겼습니다. 원시불교에서는 교주인 석가모니만 진리를 체득한 사람이라는 뜻으로 불타라 불렀지만, 불교 교리가 발전하면서 많은 종류의 불을 예배하고 또 우상으로 삼았습니다. 그중에서도 아미타불[17], 비로자나불[18], 약사불[19], 미륵불[20]을 가장 많이 만들어 세워놓고 우상숭배 했습니다. 용서해주시옵소서.

불타가 되기 위해 수행에 힘쓰는 자를 보살이라고 부르며 독립된 상을 만들어 예배하기도 하고, 아미타불의 협시보살[21]로 섬기기도 했습니다. 문수(文殊), 보현(普賢), 세지(勢至), 지장(地藏), 미륵(彌勒), 자비의 화신인 관음보살 외에도 다양한 종류의 보살을 속세의 귀인[22]의 형상으로 만들어 섬겼습니다. 용서해주시옵소서.

또 온갖 번뇌를 끊고 사제의 이치를 터득하여 세상 사람들의 공양을 받을 만한 공덕을 갖춘 성자를 나한(羅漢)으로 부르며 대개 수행을 표현하는 형상으로 만들어 섬겼습니다. 고행에 정진하는 수도자의 모습이 잘 드러나도록 얼굴은 근엄하게, 목과 팔다리는 가늘게, 가슴은 빈약하게 만들었습니다.

마지막으로 불법이나 불타를 수호하고, 중생에게 이익을 주는 신장상(神將像)[23]을 만들어 섬겼습니다. 신장상 중에서도 수문장 역할을 하는 인왕(仁王), 불법과 동서남북 사방을 지키는 사천왕(四天王), 인도의 토착신을 불교에 흡수시킨 팔부중(八部衆) 등을 가장 많이 섬겼습니다.

하나님 아버지, 저와 저희 조상들이 금, 은, 동, 철, 돌, 나무 등 다양한 재료로 다양한 크기의 불상을 만들어 섬긴 죄를 회개합니다. 높이가 약 5m

[17] 대승 불교 정토교의 중심을 이루는 부처.
[18] 연화장세계(화엄불교의 가장 이상적인 세계로 연꽃에서 출생한 세계)에 살면서 몸은 법계(法界)에 두루 차서 큰 광명을 내비치어 중생을 제도하는 부처.
[19] 동방의 정유리세계(유리와 같은 칠보로 이룩된 청정한 세계)에 교주로 머무는 부처.
[20] 대승불교의 대표적 보살 가운데 하나로, 석가모니불에 이어 중생을 구제할 미래의 부처.
[21] 부처를 좌우에서 모시는 두 보살.
[22] 사회적 지위가 높고 귀한 사람.

[23] 불교의 호법신 가운데 무력으로 불법을 옹호하며 불경을 수지독송하는 사람들을 수호하는 신장의 조각상.

가량 되는 장육상, 그 절반가량 되는 반장육상, 사람 키와 비슷한 등신상, 한 뼘 반 정도 되는 일책수반불상 등을 만들었습니다. 또한, 낙산대불처럼 그 높이가 무려 71m에 달하는 큰 대불상을 만들기도 했습니다. 저희가 이렇게 불상을 위엄있게 만들어 세워놓고, 저희는 물론 다른 사람도 섬기게 했습니다. 용서해주시옵소서.

"새긴 우상은 그 새겨 만든 자에게 무엇이 유익하겠느냐 부어 만든 우상은 거짓 스승이라 만든 자가 이 말하지 못하는 우상을 의지하니 무엇이 유익하겠느냐(합 2:18)."

하나님, 저와 저희 조상들이 하나님의 말씀을 어기고 셀 수 없이 많은 불상을 만들어 신으로 삼고 믿은 죄를 회개합니다. 저희 손으로 보지도 못하고, 듣지도 못하고, 먹지도 못하고, 냄새도 맡지 못하는 불상을 만들어 오랫동안 우상으로 섬기는 죄를 지었습니다. 하나님의 말씀처럼 새겨 만든 우상은 저희에게 아무런 유익이 없습니다. 오히려 부처의 거짓 가르침을 받아들여 헛된 생각에 빠지고, 망상과 공상에 빠져 비현실적으로 살았습니다. 하나님의 부르심을 따라 저희의 소명대로 살지 못하고, 아까운 세월을 낭비했습니다. 저희가 이렇게 허송세월한 것이 부처를 섬기므로 역사하는 악한 영들 때문인 것을 몰랐습니다. 저와 저희 조상들이 부처를 우상숭배 한 죄를 이 시간에 마음을 다해 회개하오니 긍휼히 여기시고 용서해주시옵소서.

부처상에 절 한 죄를 회개합니다

하나님 아버지, 저와 저희 조상들이 불당을 찾아 경건한 마음으로 부처상에 반배 또는 큰절을 하며 우상숭배 하는 죄를 범했습니다. 반배를 올릴 때는 합장[24]해서 마음을 모아 절했습니다. 큰절을 올릴 때는 먼저 반배를 올리고 나서 무릎을 꿇고 반듯하게 앉아 왼손을 가슴에 대고 오른손을 뻗어 이마가 닿을 지점에 짚으면서 몸을 굽혔습니다. 왼손을 오른손과 나란히 놓고, 윗몸을 숙여 이마가 바닥에 닿도록 완전히 엎드렸습니다. 무릎을 꿇고 엎드릴 때 오른발이 왼발 밑으로 가도록 포갰습니다. 엎드린 상태에서 두 손을 가볍게 뒤집어 부처를 받들어 모신다는 의미로 귀 아래까지 들어 올렸습니다. 다시 손바닥을 뒤집어서 손끝이 앞으로 가도록 하고 양 손바닥을 가지런히 지면에 붙이며 부처상에 큰절했습니다.

[24] 두 손바닥과 열 손가락을 합하여 어긋나거나 벌어지지 않도록 하는 자세.

하나님, 저와 저희 조상들이 부처상에 절할 때 횟수에 의미를 부여한 죄를 회개합니다. 부처에게 존경을 표하기 위해 기본적으로 삼배를 올렸습니다. 과거, 현재, 미래에 걸쳐 중생을 괴롭히는 백팔번뇌[25]를 씻어내기 위해 백팔배를 올리고, 때로는 숫자 삼천이 온 세상과 그 안에 속한 모든 것을 상징한다고 믿어서 삼천배를 올리기도 했습니다. 삼천 번 절을 하면 우주의 모든 번뇌가 소멸하고, 마음을 비울 수 있다고 믿었습니다. 그래서 눈이 오나 비가 오나 절을 찾아가 정성을 다해 부처상에 절했습니다. 용서해주시옵소서.

[25] 불교에서 중생의 번뇌를 108가지로 분류한 것.

하나님, 부처가 저희의 본성이라 믿어서 존경하는 마음을 담아 불상에 절했습니다. 그리고 모든 중생이 자만심으로 인해 생기는 자의식 때문에 생사의 굴레 바퀴에서 벗어나지 못한다고 믿어서 자만심을 꺾기 위해 불상에 절했습니다. 하나님께서 "우상들을 만드는 자들과 그것을 의지하는 자들이 다 그와 같으리로다(시 115:8)"라고 하셨는데 저희가 조상 대대로 이렇게 부처를 우상숭배 해서 하나님의 말씀을 듣고 보고 읽어도 불상처럼 영적 귀머거리와 소경이 되어 깨닫지 못했습니다. 긍휼히 여겨주시옵소서.

다양한 불탑을 만든 죄를 회개합니다

하나님 아버지, 불교에서 숫자 3을 '음양의 조화를 이루는 수'라고 믿었습니다. 그래서 불당을 찾는 불자들의 모든 음양을 조화시켜 달라는 의미를 담아 삼층탑을 만들었습니다. 저와 저희 조상들이 그 앞에서 예를 표하고, 복을 기원한 죄를 회개합니다.

불교에서 숫자 5는 '양의 중간수로 오행[26]을 의미하고, 중심과 동서남북의 방위를 아우르는 수'라고 믿었습니다. 그래서 저와 저희 조상들이 보편성을 상징하는 숫자 5에 의미를 부여해서 오층탑을 만들어 숭배했습니다. 용서해주시옵소서.

하나님, 불교에서 숫자 7은 '북두칠성과 더불어 대우주를 상징할 뿐만 아니라 상승의 수, 시공을 초월하는 수'로 여겨졌습니다. 그래서 저와 저희 조상들이 이런 의미를 부여해서 칠층탑을 만들었습니다.

또 불교에서 숫자 9는 '시작과 끝의 의미가 있는 수'로 생각했기 때문에 성취와 달성의 의미를 부여해 저와 저희 조상들이 구층탑을 만들었습니다. 이 외에도 부처의 은혜에 보답하기 위해 다양한 탑을 만들어 세웠습니다. 때로는 나라를 보호하고 강하게 해 달라는 염원을 담아 불탑을 세우기도 했습니다. 이 모든 것이 저와 저희 조상들이 행한 악한 우상숭배임을 인정하고 회개합니다. 용서해주시옵소서.

우상숭배 하며 많은 물질을 사용한 죄를 회개합니다

하나님 아버지, 저와 저희 조상들이 오래전부터 연등[27]을 사서 달고, 특별

[26] 동양사상에서 만물을 이루는 다섯 가지 원소, 즉 금(金), 목(木), 수(水), 화(火), 토(土)를 말한다.

기도하며 절에 돈을 갖다 바쳤습니다. 그뿐 아니라 기왓장 사서 얹고, 시주[28]하고, 절에 음식, 의복, 침구, 탕약 등을 기부하는 등 하나님께서 허락하신 재정을 우상을 섬기는 일에 허비했습니다. 때로는 저희 가문의 조상들이 많은 재산을 들여 사찰이나 암자를 세워 이 땅에 우상의 처소가 가득하게 만들었습니다. 저와 저희 가문이 이렇게 물질로 부처를 섬겨 길이 열리지 않고, 물질적으로 묶이고, 가난하게 사는 것을 인정하고 회개합니다. 저희가 오랜 세월 막대한 재물로 부처를 섬겼으면서 입술로만 회개하고, 하나님께 회개 예물을 드리는 데 인색했습니다. 용서해주시옵소서.

[27] 석가모니의 탄생을 축하하고, 세상의 어둠과 고통을 걷어내며, 지혜와 자비가 충만한 새 세상을 기원하는 불교의 종교적 의미가 담겨 있는 상징.

[28] 승려나 절에 돈이나 음식 따위의 물질을 베푸는 행위.

승려가 되어 불도를 닦은 죄를 회개합니다

하나님 아버지, 하나님께서 "너희가 내 말을 잘 듣고 내 언약을 지키면 너희는 모든 민족 중에서 내 소유가 되겠고, 너희가 내게 대하여 제사장 나라가 되며 거룩한 백성이 되리라(출 19:5-6)"라고 말씀하셨습니다. 저와 저희 가문이 하나님의 소유가 되고, 하나님의 거룩한 백성이 되어야 하는데, 저희가 부처의 제사장 나라가 되어 불교를 전파한 죄, 승려가 되어 우상숭배에 앞장선 죄를 회개합니다.

저희 가문의 조상 중에 이방신을 섬기기 위해 행자[29]가 되어 일 년간 밥 짓고 청소하며 절에서 가장 밑바닥 일을 인내하며 수행한 죄를 회개합니다. 승려가 되기 위해 노력하고, 고된 수련을 쌓았습니다. 또 어린 나이에 동자승이 되고, 사미[30]를 받기 위해 수행하는 사미승이 되었습니다. 경전이나 교리를 널리 아는 학승, 속세를 떠나 수도에만 전념하는 이판승, 출가하여 독신으로 불도를 닦는 비구승, 참선하는 선승이 된 조상들도 있었습니다. 이 외에도 저희 조상들이 절의 재물과 사무를 맡아 처리하는 사판승, 불교의 교리를 널리 알리고 신도를 모집하는 포교승, 법사이면서 아

[29] 아직 승려가 되지 않고 사원에 있으면서 여러 소임 밑에서 일을 돕고 있는 사람.

[30] 십계(十戒)를 받고 구족계(具足戒)를 받기 위하여 수행하고 있는 어린 남자 승려.

직 법호를 받지 못한 법승이 되어 우상숭배 했고, 은사승, 수계승 등이 되어 사교를 가르치는 데 힘썼습니다. 이 악한 죄를 진심으로 회개합니다. 용서해주시옵소서.

"그러므로 우리가 여호와를 알자 힘써 여호와를 알자 그의 나타나심은 새벽 빛 같이 어김없나니 비와 같이, 땅을 적시는 늦은 비와 같이 우리에게 임하시리라 하니라(호 6:3)."

하나님, 저와 저희 조상들이 하나님의 말씀을 따라 여호와를 힘써 알기 위해 노력하지 않고, 오히려 승려들의 스승인 고승이 되기 위해 피나는 수련을 한 죄를 회개합니다. 덕이 높다는 대사, 종파를 창시한 조사, 참선하는 선사, 화두를 타파하는 조사, 경전을 전하는 강사, 종파의 업적을 계승하여 발전시키는 대종사, 계율을 세우는 율사, 덕이 가장 높다는 대화상 등이 되기 위해 수행했습니다. 그 경지에 올라 불교의 제사장이 되어 하나님을 대적하고, 많은 사람을 지옥으로 인도하는 끔찍한 죄를 지었습니다. 이 시간에 진심으로 회개하오니 용서해주시옵소서.

불도에 전념하여 절제된 생활을 한 죄를 회개합니다

하나님 아버지, 저와 저희 조상들이 불도에 심취해서 세상을 멀리하고, 세 종류의 옷과 걸식용 식기 하나로 간소한 생활을 하는 삼의일발의 생활을 했습니다. 이 외에도 경전을 독송하고, 탁발, 명상, 염불, 참선하는데 힘쓴 죄를 회개합니다.

또한, 승려가 되어 불도를 수행하기 위해 십이두타행[31]을 행했습니다. 십이두타행은 석가모니 당시부터 행하여졌던 것으로, 고요한 곳에 머무르

[31] 번뇌의 티끌을 떨어 없애고, 의·식·주를 탐하지 않으며 청정하게 불도를 수행하는 열 두 가지 방법.

면서 세속을 멀리했습니다. 언제나 걸식하며 신도나 국왕 등의 공양[32]을 따로 받지 않는 대신, 마을의 일곱 집을 차례로 찾아가서 빈부를 따지지 않고 걸식했습니다. 만약 밥을 얻지 못하면 그날은 먹지 않았고, 하루에 한 차례 한자리에서 배가 고프지 않을 정도로만 먹었습니다. 옷은 내의, 상의, 중의 등 세 가지 옷만 소유했고, 헌 옷을 빨아 기워 입었습니다. 그리고 무덤 곁에 머물면서 도를 닦았고, 쉴 때는 나무 밑에서 눕지 않고 한데 앉아서 쉬었습니다. 저와 저희 조상들이 이렇게 의식주의 탐욕과 집착을 떠나 심신을 깨끗하게 하려고 고행한 죄를 회개합니다.

[32] 시주할 물건을 올리는 의식을 지칭하는 용어.

하나님 아버지, 저와 저희 가정이 하나님의 은혜로 하나님을 믿으면서도 최선을 다하지 못한 죄를 회개합니다. 하나님의 말씀을 가까이하지 못했고, 신령과 진정으로 예배드리지 못했습니다. 신앙생활에 목표도 없었고, 하나님께 가까이 나아가지도 못했습니다. 그래서 오랜 시간 교회를 다니면서도 영적으로 성장하지 못했고, 하나님도 잘 알지 못했습니다. 저와 저희 조상들이 우상을 섬길 때는 온갖 고행에 힘썼는데, 하나님을 믿으면서는 저희의 욕심에 이끌려 살았고, 이미 구원받았다고 착각하며 안일하게 살았습니다. 용서해주시옵소서.

도량석 한 죄를 회개합니다

하나님 아버지, 저와 저희 조상들이 아침 예불 드리기 전에 만물을 깨우고, 도량[33]을 청정하게 하려고, 새벽 3시에 일어나 목탁을 두드리며 절 주변을 돌았습니다. 저희 조상들이 도량하면 도를 얻는다고 믿었습니다. 그래서 절을 돌면서 천수경[34]을 외우고, 아미타불이나 관세음보살 등의 주문을 외웠습니다. 하나님, 저희 가정이 하나님을 섬길 때는 이렇게 적극적

[33] 부처나 보살이 도를 얻는 곳.
[34] 불교 경전 가운데 하나로, 관세음보살의 광대한 자비심을 찬양하는 경전이다.

이지 못했는데, 저와 저희 조상들이 불교의 도를 닦기 위해서는 열심을 낸 죄를 회개합니다. 긍휼히 여겨주시옵소서.

부처에게 예불한 죄를 회개합니다

하나님 아버지, 저와 저희 조상들이 아침 예불, 사시 예불, 저녁 예불을 드렸습니다. 노전승[35]이 도량석을 하는 동안 자리에서 일어나 세수를 하고, 법복을 걸친 다음 법당에 들어가 불전에 삼배를 올리고, 자리에 앉아 아침 예불을 준비했습니다. 이때 큰 절에서는 대중이 제각각 법당에 들어오는 것이 아니라 두 손을 모아 줄을 지어 법당으로 들어왔습니다.

도량석이 끝나면 예불 담당 노전승이 법당에 있는 작은 종을 치면서 불교의 교리를 담은 시를(게송) 읊었습니다. 종송[36]이 끝날 즈음 법당 밖에서는 지옥계 중생의 해탈[37]을 위해 범종을 치고, 지상계 중생의 해탈을 위해 법고를 치고, 수중계 중생을 위해 목어를 치고, 천상계 중생을 위해 운판을 쳤습니다. 종송과 사물의 타종이 끝나면 예경의식[38]을 올렸습니다. 아침에는 부처에게 차를 올렸고, 저녁에는 향을 올렸습니다. 종단과 사찰의 성격에 따라 예경의 내용이 조금씩 다르지만, 대체로 불법승[39] 삼보[40]에게 예경문을 외우면서 절을 했습니다.

예불의 마지막 단계에서 가장 연로한 노전승이 불전에 축원을 올렸습니다. 축원문을 읽으면 모두 반야심경을 봉독하면서 아침 예불을 마무리했습니다. 아침 예불이 끝나면 부전승[41]이 촛불을 끄고, 부처에게 올렸던 다기의 물을 마시고, 법당을 정리했습니다. 하나님, 저와 저희 조상들이 이렇게 하루에 두세 번씩 예불하며 부처를 우상숭배 한 죄를 진심으로 회개합니다. 용서해주시옵소서.

[35] 법당에서 아침저녁으로 향불 피우는 일을 맡아보는 승려.
[36] 사찰에서 아침저녁으로 종을 칠 때 독송하는 게송.
[37] 결박이나 장애로부터 벗어난 해방, 자유 등을 의미.
[38] 불보살에게 행하는 기도의식.
[39] 불보는 진리를 깨친 모든 부처님, 법보는 모범되고 바른 부처님의 교법, 승보는 화합하고 깨끗한 부처님의 가르침대로 수행하는 사람이라는 뜻이다.
[40] 불자가 귀의해야 한다는 불보·법보·승보의 3가지를 가리키는 불교 교리.
[41] 불당을 맡아서 관리하는 사람.

또한, 저희가 예불이 끝나면 일부러 점심 혹은 저녁때를 기다렸다가 절밥과 차, 과일 등을 먹고 내려갔습니다. 우상을 섬기는 자들의 손으로 만든 음식을 먹고 마셨습니다. 하나님께서 "세계가 다 내게 속하였다(출 19:5상)"고 말씀하셨습니다. 그런데 하나님께서 지으신 온갖 채소와 산나물들을 부처가 내린 자비로 알고 먹으며 부처에게 감사하는 죄를 지었습니다. 이 무지한 죄를 용서해주시옵소서.

법회에 참여하여 부처를 섬긴 죄를 회개합니다

하나님 아버지, 저와 저희 조상들이 법회에 참여하기 위해 목욕재계하며 마음을 가다듬었습니다. 법당이나 법회 장소에 도착하면 천수경을 외웠습니다. 다윗은 "다른 신에게 예물을 드리는 자는 괴로움이 더할 것이라 나는 그들이 드리는 피의 전제를 드리지 아니하며 내 입술로 그 이름도 부르지 아니하리로다(시 16:4)"라고 결단했는데, 저와 저희 조상들은 하나님이 주신 재물을 부처에게 공양하고, 부처에게 "모든 것을 구족하신 부처님께 귀의합니다", "일체의 탐욕을 벗어난 가르침에로 귀의합니다", "모든 무리 중에서도 존귀한 승단에 귀의합니다"라고 고백했습니다. 이 악한 죄를 용서해주시옵소서.

하나님, 법회에 참여해 찬불가를 부르고 반야심경을 독송한 죄를 회개합니다. 나쁜 마음을 모두 버리고, 부처처럼 크고 넓고 밝고 맑은 마음으로 살아가겠다 다짐하며 발원문[42]을 외우거나 낭독하는 죄도 지었습니다. 설법을 듣기 위해 마음속의 잡된 것을 비우려고, 두껍고 큰 방석 위에 반가부좌를 하거나 가부좌를 틀고 앉았습니다. 자세를 바르게 하고 입을 다물고 고요하고 차분한 마음으로 설법을 들을 준비를 했습니다. 그리고 마음

[42] 신이나 부처에게 소원을 비는 내용을 적은 글.

을 다해 법사가 설법해주길 요청하는 마음으로 청법가를 불렀습니다. 법사를 통해 설법을 듣고 나면 고요한 마음으로 거룩한 부처를 간절히 생각했습니다. 부처의 큰 공덕을 기리며 부처의 이름을 부르는 시간을 가진 죄를 회개합니다. 저와 저의 조상들이 참된 하나님을 알지 못하여 이렇게 헛된 신에게 인생을 낭비했습니다. 긍휼히 여기시고 용서해주시옵소서.

불교식으로 기도한 죄를 회개합니다

하나님 아버지, 하나님께서 "구하라 그리하면 너희에게 주실 것이요 찾으라 그리하면 찾아낼 것이요 문을 두드리라 그리하면 너희에게 열릴 것이니, 구하는 이마다 받을 것이요 찾는 이는 찾아낼 것이요 두드리는 이에게는 열릴 것이니라(마 7:7-8)"고 말씀하셨습니다. 하나님께 구하면 주신다고 하셨는데, 저와 저희 조상들이 하나님을 믿지 않아 부처에게 기도하는 죄를 지었습니다.

세상을 살다가 어려운 일이 생기면 관음기도를 드렸습니다. 풍년과 집안의 평안과 관련해서는 지장기도를 드렸습니다. 죽은 조상이 천상에 태어나고, 부모가 장수하기를 빌며 지장기도를 드렸고 원하는 것을 얻고 싶을 때, 화재나 홍수를 피하고 싶을 때, 훌륭한 인연을 만나 도움을 받고 싶을 때, 지장기도를 드렸습니다. 부처에게 기도하는 것이 실상은 악한 영에게 기도하는 것임을 알지 못했습니다. 저희를 구원하지 못할 헛된 우상을 붙잡고 의지한 죄를 회개합니다. 용서해주시옵소서.

저와 저희 조상들이 정신이나 육체가 병들어 아플 때 약사여래[43] 부처에게 기도하면 낫는다고 믿어서 부처에게 돈을 바치며 약사기도 드린 죄를 회개합니다. 자손이 창성하고 장수하며 부귀영화를 얻고 싶을 때는 칠성기도를 드렸습니다. 시험 합격을 기원할 때는 문수기도를 드렸습니

[43] 중생의 질병을 고쳐주는 약사신앙의 대상이 되는 부처.

다. 저와 저희 조상들이 자녀들이 좋은 성적을 얻고, 좋은 학교에 진학하기를 기원하며 부처에게 기도 한 죄를 회개합니다.

영가천도[44]하고 극락왕생[45]을 기원하면서는 아미타불기도를 드렸습니다. 이 외에도 독성기도, 나한기도, 신중기도, 진언기도, 용왕기도 등이 있는데, 저와 저희 조상들이 필요에 따라 부처에게 다양한 기도를 한 죄를 회개합니다. 용서해주시옵소서.

다양한 불교의식에 참여한 죄를 회개합니다

하나님 아버지, 저와 저희 조상들이 온 마음을 다해 여러 가지 불교의식에 동참한 죄를 회개합니다. 저희가 아침저녁으로 송주의식[46]에 참여했습니다. 목탁을 두드리며 송주를 외우면서 도량을 도는 석의식에 참여했고, 조석예불[47], 각단예불[48] 등에 참여해 부처나 보살에게 예배드렸습니다. 그리고 저와 저희 조상들이 보살 전에 향, 등불, 차, 과일, 꽃, 쌀 등을 바치며 공양의식에 참여한 죄를 회개합니다.

또 저와 저희 조상들이 불상을 만들거나 불화를 그릴 때 마지막으로 눈동자에 생명을 불어넣는 점안식에 참여한 죄를 회개합니다. 저희가 불사리[49], 괘불[50], 가사[51] 따위를 다른 장소로 옮길 때 행하는 이운의식에도 참여했습니다. 저희가 불교에서 출가, 재가한 신자들에게 계(戒)를 주는 수계의식, 출가한 승려들이 여름과 겨울에 3개월 동안 한곳에 모여 수행하는 결제, 경전을 강론하기 전에 행하는 강원상강례의식 등의 수행의식에 참여한 죄를 회개합니다. 이 외에도 부처가 보리수 아래서 큰 도를 깨달은 것을 기념하는 성도절, 부처가 80세에 세상을 떠난 날을 기념하는 열반절 등 다양한 불교 행사에 참여하고, 예물 드린 죄를 진심으로 회개합니다. 용서해주시옵소서.

---

[44] 중생들이 윤회하는 길의 하나인 천상세계에 가는 것.
[45] 죽어서 극락세계에 가서 다시 태어나는 일.
[46] 게송(偈頌)이나 다라니(陀羅尼) 등을 독송하는 것.
[47] 불교에서 아침저녁으로 부처님과 여러 보살들에게 예경을 드리는 것.
[48] 불보살에게 예배하고 죄를 참회하는 것.
[49] 부처나 고승의 화장된 유골이나 거기서 나온 구슬.
[50] 야외에서 개최되는 불교 의식에 사용하는 대형 불화.
[51] 승려가 입는 법의.

저와 저희 가문의 조상들이 죽어가는 미물을 살려주면 동참자의 마음에 선을 쌓는다는 부처의 가르침을 따라 방생하는 죄를 지었습니다. 아무데서나 방생하지 않고, 영적 존재가 강림해 있다고 믿는 강이나 바다 또는 산이나 들에서 방생했습니다. 방생지를 신령하게 여겨서 기도처로 삼아 우상숭배 하는 죄를 지었습니다. 회개합니다. 용서해주시옵소서.

반야심경 외운 죄를 회개합니다

하나님 아버지, 저와 저희 조상들이 수백 년에 걸쳐서 편찬된 대반야경의 중심사상을 함축하고 있는 반야심경을 외우면, 모든 번뇌의 얽매임에서 벗어나고, 열반에 이를 수 있다고 믿어서 열심히 반야심경을 외운 죄를 회개합니다. 하나님께서 "진리를 알지니 진리가 너희를 자유롭게 하리라(요 8:32)"라고 말씀하셨습니다. 반야심경을 외운다고 번뇌에서 벗어날 수 있는 것이 아닌데, 부처의 거짓 가르침에 속아서 헛된 믿음을 가지고, 헛된 수고를 했습니다. 긍휼히 여겨주시옵소서.

염주로 마음을 다스리고자 한 죄를 회개합니다

하나님 아버지, 저와 저희 조상들이 부처에게 염불[52]하거나 절할 때 염주로 그 수를 헤아렸습니다. 부처를 생각하면서 염주를 헤아리며 마음의 근심을 잊고자 했습니다. 염불하면서 염주를 헤아리면 마음의 걱정근심이 사라질 줄 알았습니다.

"평안을 너희에게 끼치노니 곧 나의 평안을 너희에게 주노라 내가 너희에게 주는 것은 세상이 주는 것과 같지 아니하니라 너희는 마음에 근심하지도 말고 두려워하지도 말라(요 14:27)."

[52] 부처의 상호, 즉 그 모습을 마음으로 관찰·관상하면서 그 공덕을 기리는 일.

참된 평안은 하나님께서 주시는데 저희가 어리석고 무지해서 염주를 헤아리며 평안을 얻고자 한 죄를 회개합니다. 또 저와 저희 조상들이 108 염주를 항상 지니고 다니면서 나쁜 것을 소멸시키고 좋은 것을 얻고자 불법승의 명호를 외우며 횟수를 셌습니다. 용서해주시옵소서.

천도재 지낸 죄를 회개합니다

하나님 아버지, 저와 저희 조상들이 사람이 죽어 저승에 가면 명부시왕[53]에게 심판을 받아 극락에 가기도 하고, 지옥에 가기도 한다는 부처의 거짓 가르침을 받아들여 천도재를 지냈습니다. 천도재를 지내면 죽은 이의 영혼을 극락으로 보낼 수 있다고 믿어 조상 대대로 천도재 지내는 악한 죄를 지었습니다. 사람이 죽으면 그 혼백이 명부시왕에게 10번 심판을 받는다는 부처의 가르침을 믿었습니다. 사람이 죽으면 7일째 되는 날로부터 49일째 되는 날까지 7일마다, 그리고 100일째, 1년, 2년이 되는 날에 각각 심판을 받는다고 믿었습니다. 그래서 심판 날마다 정성을 다해 천도재를 지냈습니다.

특별히 지하의 왕인 염라대왕이 심판하는 날에 정성을 다해 49재 지낸 죄를 회개합니다. 조상이 죽은 날로부터 49일 동안 연이 닿지 않아 다시 태어나지 못하거나 극락왕생하지 못하면, 다음 생을 받을 때까지 잡귀로 떠돌아다니는 줄 알았습니다. 조상의 혼백[54]이 떠돌아다닐 뿐만 아니라 사람을 괴롭게 한다는 부처의 거짓 가르침을 믿어서 일곱 번째 심판 날에 지내는 49재를 특별히 신경 써서 지냈습니다. 용서해주시옵소서.

하나님, 저와 저희 가문이 죽은 조상의 혼백이 잡귀로 떠돌아다니지 않더라도 삼악도[55]에 해당하는 지옥도, 아귀도, 축생도에 다시 태어나지

[53] 죽은 자를 심판한다는 열 명의 왕.

[54] 인간에게 깃들어 있다고 여겨진 두 종류의 영혼. 혼(魂)은 인간의 몸을 빠져나와 위패 안에서 살다가 곧 하늘로 올라가고, 백(魄)은 인간의 사후에도 몸속에 사는 존재로, 묘지에 묻힌 시체와 함께 흙이 된다고 여겨졌다.

[55] 살아서 악행을 지은 죄과로 인해 죽은 뒤에 가게 된다고 믿는 세계.

않도록 그 혼백을 위해 49일 동안 염불을 외우거나 독경하거나 신주를 절에 가져와 염불 소리 듣게 했습니다. 그러면 그 공덕으로 조상의 혼백이 극락에 태어나거나 인간으로 다시 태어날 수 있다고 믿었습니다. 49일 안에 다음 생이 결정된다고 믿어서 불교 신자가 아니더라도 49재만큼은 꼭 챙겨 지냈습니다. 회개합니다. 용서해주시옵소서.

"몸은 죽여도 영혼은 능히 죽이지 못하는 자들을 두려워하지 말고 오직 몸과 영혼을 능히 지옥에 멸하실 수 있는 이를 두려워하라(마 10:28)."

하나님, 저와 저희 조상들이 몸과 영혼을 살리기도 하시고 죽이기도 하시는 분이 하나님이신 것을 몰랐습니다. 그래서 죽은 영혼을 극락에 보내주기 위해 정성을 다해 천도재를 지내주었습니다. 긍휼히 여겨주시옵소서.

다양한 불교 사상을 믿고 따른 죄를 회개합니다

하나님 아버지, 저와 저희 조상들이 "속세의 속박이나 번뇌 등에서 벗어나 근심이 없는 편안한 경지에 도달한다"는 석가모니의 해탈사상을 받아들인 죄를 회개합니다. "타오르는 번뇌의 불꽃을 지혜로 꺼서 일체의 번뇌나 고뇌가 소멸한 상태 즉 수행으로 진리를 체득하여 미혹과 집착을 끊고 일체의 속박에서 해탈한 최고의 경지에 이른다"라는 석가모니의 열반사상을 믿고 따른 죄를 회개합니다. "만물의 참다운 실상을 깨닫고 불법을 꿰뚫는 지혜, 온갖 분별과 망상에서 벗어나 존재의 참모습을 앎으로써 성불에 이르게 된다"는 석가모니의 반야사상을 받아들인 죄를 회개합니다. 저와 저희 조상들이 "불타 정각의 지혜를 얻기 위하여 닦는 도, 즉 불과(佛果)에 이르는 길"을 뜻하는 석가모니의 보리사상을 받아들인 죄를 회개합니다. 저희가 "세상의 모든 번뇌를 끊고 해탈하여 부처가 되는 길에 이른다"는 석가모니의 성불사상을 받아들인 죄를 회개합니다. 또한, 저와 저희 조상들이 "내 안은 텅 비어 있기에 나의 선택으로 채운다"는 공사상을 믿은 죄를 회개합니다. "세계의 모든 것이 신이고, 나의 주인은 나 자신"이라고 주장하는 범신론과 "모든 것은 자기 스스로 깨달아야 한다"는 자각각타사상을 받아들인 죄를 회개합니다. 용서해주시옵소서.

하나님, 많은 불교 사상 중에 저와 저희 조상들이 삼보사상[56]을 믿고, 인과응보[57]를 믿은 것을 회개합니다. 몸과 입과 마음으로 짓는 선악의 소행인 '업'이 미래에 선악의 결과를 가져오는 원인이 된다고 믿었습니다. 저희의 어리석음을 긍휼히 여겨주시옵소서.

[56] 불자가 귀의해야 한다는 불보·법보·승보의 3가지를 가리키는 불교교리.
[57] 현세에서 업을 지어 현세에서 받는 인과응보인 '순현보', 지금 세상에서 지은 선악에 따라 다음 세상에서 받는 인과응보인 '순생보', 지금 세상에서 지은 선악에 따라 삼생(三生) 이후에 받는 인과응보인 '순후보'가 있다.

"온갖 좋은 은사와 온전한 선물이 다 위로부터 빛들의 아버지께로부터 내려오나니 그는 변함도 없으시고 회전하는 그림자도 없으시니라(약 1:17)."

변하지 않으시는 분은 오직 하나님 한 분뿐이시고, 하나님의 말씀만이 변치 않는데, 저희가 불교의 사성제[58]를 변하지 않는 진리로 받아들인 죄를 회개합니다. 또 팔정도[59]가 저희를 깨달음과 열반에 이르게 하는 여덟 가지 길이라고 믿었습니다. 그리고 팔정도를 실천하면 고와 낙의 양면을 떠나 심신의 조화를 얻을 수 있다는 중도사상을 믿고 따랐습니다. 회개합니다. 용서해주시옵소서.

[58] 불교의 가장 기본적인 교리가 되는 고제(苦諦), 집제(集諦), 멸제(滅諦), 도제(道諦)로 구성된 영원히 변하지 않는 네 가지 성스러운 진리.
[59] 올바로 보는 것(정견), 올바로 생각하는 것(정사유), 올바로 말하는 것(정어), 올바로 행동하는 것(정업), 올바로 목숨을 유지하는 것(정사유), 올바로 부지런히 노력하는 것(정근), 올바로 기억하고 생각하는 것(정념), 올바로 마음을 안정하는 것(정정)을 말한다.

하나님, 저와 저희 조상들이 윤회설을 믿은 죄를 회개합니다. 모든 생명은 자신의 업보에 따라 지옥(地獄), 아귀(餓鬼), 축생(畜生), 아수라(阿修羅), 인간(人間), 천상(天上)의 육도(六道) 혹은 육취(六趣)에서 삶과 죽음을 반복한다는 교리를 믿었습니다.

"흙은 여전히 땅으로 돌아가고 영은 그것을 주신 하나님께로 돌아가기 전에 기억하라(전 12:7)."

사람이 죽으면 구원받은 영혼은 하나님께로 돌아가고, 그렇지 못한 영혼은 지옥으로 갑니다. 사람의 영혼은 하나님의 주권 아래 있습니다. 불교에서 말하는 것처럼 자신의 업보에 따라 어느 곳에 있다가 다시 태어나기를 반복하지 않습니다. 그런데 저와 저희 조상들이 어리석고 무지해서 불교의 왜곡된 사상을 따라 살았습니다. 회개합니다. 용서해주시옵소서.

하나님 아버지, 아무리 인간의 힘으로 노력해도 예수 그리스도를 통하지 않으면 아무도 구원받지 못한다는 사실을 알지 못했습니다. 하나님 없이 스스로 수행해서 죄에서 벗어나 구원에 이르고자 한 저희의 교만을 회개합니다. 저와 저희 조상들이 어리석어서 부처의 거짓 가르침을 의심 없이 믿고 따른 죄를 깊이 회개하오니 용서해주시옵소서.

불교의 수호신을 믿은 죄를 회개합니다

하나님 아버지, 저와 저희 조상들이 불교의 각종 수호신을 믿고 의지했습니다. 무서운 얼굴로 악마를 물리치며 불교를 지킨다는 명왕과 동서남북 사방을 지킨다는 사천왕을 믿었습니다. 절 입구 좌우에 서서 불교를 수호하는 인왕과 사람 머리를 한 상상의 극락조인 가릉빈가[60]를 믿었습니다. 저희가 길흉을 관장하고, 수명을 연장하고, 풍년과 재물을 책임진다는 칠성신을 믿었습니다. 또한, 저와 저희 조상들이 호흡을 관장한다는 아수라신을 믿었고, 노래하고 춤추며 악기를 연주하는 음악적 재능을 준다는 긴나라신을 믿었습니다. 저희가 불법을 수호하는 야차신 등 각종 불교 수호신들을 의지하고 섬긴 죄를 회개합니다. 용서해주시옵소서.

[60] 머리와 팔은 사람의 모습이고 몸은 새의 모습을 한 상상의 새.

다양한 상징을 만들어 사용한 죄를 회개합니다

하나님 아버지, 저와 저희 조상들이 부처의 가르침을 의미하는 가로 선과 부처의 가르침이 영원하다는 의미를 담은 세로 선을 배치한 불교기를 만들었습니다. 불교 행사 때 불상을 대신해서 불교기를 둘 만큼 부처의 다양한 가르침을 잘 함축시킨 불교기를 만들어 사용한 죄를 회개합니다.

또 저와 저희 조상들이 불교를 상징하는 만자(卍)를 길상과 행운의 표시로 달고 다녔고, 만자 깃발을 만들어 가정이나 자동차에 꽂거나 행사 때 들고 다닌 죄를 회개합니다. 저희 조상들이 부처의 교법으로 일체중생의 번뇌를 씻는 것을 법의 수레바퀴로 표현한 법륜을 만들었고, 어리석은 망상의 악마를 파멸시키기 위해 금강저를 만든 죄를 회개합니다. 저희 조상들이 우주와 인생의 궁극적 진리를 상징하는 일원상을 만들어 교지(敎旨)로 삼고, 신앙의 대상과 수행의 표본으로 삼은 죄를 회개합니다. 이 외에도 깨달음을 상징하는 보리수와 뜻하는 바를 모두 이뤄준다는 여의주를 믿은 죄를 진심으로 회개합니다. 용서해주시옵소서.

"이스라엘아 네 하나님 여호와께서 네게 요구하시는 것이 무엇이냐 곧 네 하나님 여호와를 경외하여 그의 모든 도를 행하고 그를 사랑하며 마음을 다하고 뜻을 다하여 네 하나님 여호와를 섬기고, 내가 오늘 네 행복을 위하여 네게 명하는 여호와의 명령과 규례를 지킬 것이 아니냐(신 10:12-13)."

하나님께서 저와 저희 조상들에게 여호와를 경외하여 그 도를 행할 것과 여호와를 사랑하고, 마음과 뜻을 다하여 여호와를 섬길 것을 말씀하셨습니다. 그런데 저희가 하나님을 믿지 않았고, 하나님의 말씀대로 살지 않았습니다. 오히려 조상 대대로 섬기던 부처를 믿고 불상에 절하며 우상숭배하는 죄를 지었습니다. 하나님께서 받기 원하시는 마음으로 부처를 섬긴 악한 죄를 애통한 마음으로 회개합니다. 용서해주시옵소서.

하나님 아버지, 저희 가문의 조상들이 중이 되어 많은 절을 떠돌아다니면서 뿌리 내리지 못하고, 자리 잡지 못하고 살았습니다. 이 영향으로 저희 가정도 한곳에 정착하지 못하고, 떠돌아다니거나 방황할 때가 많았습니다. 이뿐 아니라 세상에서 일하기 싫어하고, 배우기 싫어하고, 게으르게 살았습니다. 뒤늦게라도 부처를 섬긴 우상숭배의 죄가 저희 삶에 끼치는 악영향을 깨닫고 회개하오니 용서해주시옵소서.

혹시 저희가 알지 못하게 절에 이름이 올라가 있다면 이 시간 예수 그리스도의 이름으로 그 모든 영향력과 효력을 끊습니다. 저희 부모님과 조부모님들이 절에 이름을 올린 것으로 인해 다시는 악한 영들이 저와 저희 가정에 역사하지 못하도록 완전히 끊어주시옵소서! 저희가 오직 하나님의 전이 되어 성령의 인도를 받아 주님을 기쁘시게 하는 삶을 살 수 있도록 인도해주시옵소서.

예수 그리스도의 이름으로 기도합니다. 아멘.

무당 의지한
죄를 회개합니다
SHAMANISM

3

3. | 우상숭배 |
무당 의지한 죄를 회개합니다

하나님 아버지, 하나님께서 "그의 아들이나 딸을 불 가운데로 지나게 하는 자나 점쟁이나 길흉을 말하는 자나 요술하는 자나 무당이나 진언자나 신접자나 박수나 초혼자를 너희 가운데에 용납하지 말라(신 18:10-11)"고 하셨습니다. 저와 저희 조상들이 무당과 점쟁이를 용납하지 말라는 하나님의 말씀을 거역하고, 무당과 점쟁이를 용납했습니다. 그뿐 아니라 이들을 저희가 당면한 문제의 해결자로 세우고 따랐습니다. 용서해주시옵소서.

하나님, 저와 저희 조상들이 고조선 이전부터 한반도에 내려오는 원시적인 무속 신앙으로 무당을 섬겼습니다. 고조선 시대에는 무당이 부족이나 연맹의 우두머리 노릇을 하며 온 마을과 백성들과 나라를 다스리다시피 했습니다. 삼국시대에는 제정 분리로 인해 무당의 정치적 권력이 약해졌지만, 나라 무당은 왕권에 부속되어 국가를 관리했고, 일반 무당은 민중의 종교적 욕구를 충족시키며 살았습니다.

고려 시대에는 불교가 성행했지만, 무당과 서로 상부상조하며 지내도록 배려했습니다. 무당이 나라의 기우제를 주관했고, 왕과 왕족을 치유했을 뿐만 아니라 국정의 자문역할을 감당했습니다. 또한, 무당을 민중의 동반자로서 신앙의 대상으로 삼아 집안신, 마을신, 성황신을 모시는 일에 일조하게 하여 그 세력을 견고하게 유지하며 살게 했습니다. 저와 저희 조상들의 일상생활이 무당과 밀접하게 연관되어 있었음을 인정하고 회개합니다. 용서해주시옵소서.

"너희는 신접한 자와 박수를 믿지 말며 그들을 추종하여 스스로 더럽히지 말라 나는 너희 하나님 여호와이니라(레 19:31)."

하나님 아버지, 저와 저희 조상들은 무당이 받은 영의 실체가 더럽고 악한 영인지 몰랐습니다. 그들이 점을 잘 치고 용해서 가까이하고 따랐습니다. 더러운 무당과 교제하고 무당 짓을 해서 저희 가문에 악한 영들을 불러들였습니다. 저희가 하나님의 말씀을 잘 알지 못해서 그랬습니다. 하지만 알았다고 하더라도 무당을 의지하던 악한 습성이 쉽게 바뀌지 않았을 것입니다. 저희 조상들이 무당을 가문의 길잡이로 삼아 조언을 구한 것과 더 나아가 나라의 지도자들이 무당에게 국정을 논한 죄를 회개합니다. 용서해주시옵소서.

무당과 점쟁이 믿고 따른 죄를 회개합니다

"...그는 처음부터 살인한 자요 진리가 그 속에 없으므로 진리에 서지 못하고 거짓을 말할 때마다 제 것으로 말하나니 이는 그가 거짓말쟁이요 거짓의 아비가 되었음이라(요 8:44)."

하나님 아버지, 마귀는 거짓으로 가득하고, 그 속에 진리가 없습니다. 그런데 저희가 무당이 받은 신이 마귀라는 것과 마귀가 거짓말하는 존재인 것을 모르고, 이들에게 저희의 인생을 맡겼습니다. 저와 저희 조상들이 이런 무당과 점쟁이를 가까이해서 쉽게 거짓과 속임에 노출되고 영향을 받았습니다. 저희가 거짓말을 하기도 하고, 남에게 속아 손해를 보기도 하고, 진리가 아닌 것을 진리로 믿고 따르기도 했습니다. 이것이 모두 다 악한 영들의 역사였습니다. 하나님의 은혜로 뒤늦게라도 저희의 죄를 깨닫고 회개하오니 용서해주시옵소서.

초보무당 따른 죄를 회개합니다

하나님 아버지, 저와 저희 조상들이 강신[1] 체험도 없고 세습무[2]도 아니지만, 굿을 할 때 사용하는 기구를 통해 악령의 뜻을 물어보는 초보무당을 찾아가 굿하고 점괘 받아 온 죄를 회개합니다. 또 태자귀[3]를 몸에 불러들여 어린아이 목소리, 휘파람 소리 등으로 악령을 불러 굿하는 무당을 가까이하고 의지했습니다. 명두무당, 동자무당, 선녀무당 등으로 불리는 이들을 찾아가서 점치고 굿한 죄를 진심으로 회개합니다. 용서해주시옵소서.

[1] 신내림 현상.
[2] 부모로부터 무당의 신분이나 직능을 물려받아 된 무당.
[3] 보통 굶어 죽거나 천연두에 걸려 죽은 아이의 혼령.

강신무, 세습무 따른 죄를 회개합니다

하나님 아버지, 저와 저희 조상들이 강신 체험을 하고, 성무 의식인 내림굿을 통해 큰 무당이 되어 춤과 노래로 굿을 주관하는 강신무[4]를 찾아다녔습니다. 또 저와 저희 조상들이 태중에서부터 신내림을 받고 태어나 신을 잘 모시는 법을 배우고, 자신만의 춤과 노래로 굿을 하는 세습무를 가까이했습니다. 경기도 이남 지역에서는 강신무를 찾기가 어려웠습니다. 그래서 저희 조상들이 돈을 싸 들고 한강 이북의 경기도와 북한 지역에서 활동하는 강신무를 찾아가 굿하고 점괘를 받아왔습니다. 그리고 저희 조

[4] 신병을 통해 입무한 무당.

상들이 뛰어난 실력을 갖춘 세습무를 뒷바라지하며 돌봐 주면서 필요할 때마다 그들을 찾아가 의지하는 죄를 지었습니다. 용서해주시옵소서.

하나님, 저와 저희 조상들이 무당과 점쟁이를 따르며 귀신을 의지하고 사람을 의지했습니다. 조상 때부터 무당을 의지하던 습성 때문에 살면서 타인을 지나치게 의지하고, 신앙생활을 할 때도 목회자에게 의존하여 홀로 서지 못했습니다. 하나님을 의지하고 하나님을 가까이해야 하는데, 악한 영들의 역사로 하나님을 붙들지 못했습니다. 진심으로 회개하오니 용서해주시고, 하나님을 의지할 수 있도록 도와주시옵소서.

[5] 여러 가지 신비현상을 실현할 수 있는 힘을 지닌 초자연적이고 초합리적인 존재.

하나님 아버지, 저와 저희 조상들이 이 외에도 다양한 신령[5]을 받은 무당들을 찾아가 그들의 점괘대로 행하며 귀신을 의지했습니다. 이 시간에 저희의 악한 죄를 낱낱이 회개하오니 긍휼히 여기시고 용서해주시옵소서.

지역 수호신 성격을 가진 신령을 섬긴 죄를 회개합니다

[6] 신수(神樹)에 잡석을 쌓아 놓은 돌무더기나 신수에 당집이 복합된 형태의 서낭당에 깃들어져 있다고 믿어지는 신격으로 성황(城隍), 성왕 등으로도 불린다.

하나님 아버지, 저와 저희 조상들이 마을과 나라의 문제를 주관한다는 신령들을 섬겼습니다. 저희가 서낭신[6], 본당장군, 백마장군이 마을을 지키는 수호신이라고 믿어서 매년 정월 대보름에 제물을 차려놓고 제사 지냈습니다. 마을에 문제가 생기면 이들에게 제사 지내고, 이 신령을 받은 무당과 점쟁이를 찾아가 굿하고 점치는 죄를 지었습니다. 특별히 마을이나 나라에 싸움 또는 전쟁이 일어나면 서낭신과 전술에 능하다는 신장신 받은 무당을 찾아가 전쟁에서 승리할 방안을 찾으려 했습니다.

"또 여호와의 구원하심이 칼과 창에 있지 아니함을 이 무리에게 알게 하리라 전쟁은 여호와께 속한 것인즉 그가 너희를 우리 손에 넘기시리라(삼상 17:47)."

전쟁은 하나님께 속한 것입니다. 그런데 저희 조상들은 하나님이 아닌 서낭신과 신장신 받은 무당과 점쟁이를 찾아가 도움을 요청하고, 그들을 의지해서 전쟁에서 승리하려고 했습니다. 이 어리석고 악한 죄를 용서해주시옵소서.

하나님, 저와 저희 조상들이 마을의 풍년과 풍어를 빌거나 제액을 제거할 때 마을 수호신인 골맥이를 섬기는 죄를 지었습니다. 저희가 나무, 바위, 당집[7] 등에 신이 있다고 믿고, 무당을 초청해서 마을 단위로 굿을 했습니다. 마을에 전염병이 돌 때도 어김없이 질병을 해결해달라고 빌었습니다. 또한, 저와 저희 조상들이 나라에 어려운 일이 발생하면 군 단위로 나라의 액운을 떼어달라고 부군당신을 찾아가 제사 지내고, 무당 불러서 굿하는 죄를 지었습니다. 한 나라의 중차대한 일을 무당과 점쟁이에게 맡긴 죄를 회개합니다. 용서해주시옵소서.

[7] 민간신앙에서 신을 모셔놓고 제사를 지내는 집으로 당, 당산, 신사, 또는 신당으로 불린다.

하나님, 이렇게 저와 저희 조상들이 습관적으로 무당과 점쟁이 찾아가서 굿하고 점을 쳤습니다. 신령에게 빌고 굿하면 악귀가 쫓겨나고 문제가 해결된다고 믿었습니다. 그러나 현실은 더 많은 귀신을 불러들여 문제를 악화시켰습니다. 저희가 무당 짓하고, 무당과 교제해서 영적으로 보호를 받지 못하고, 수시로 악한 영들의 공격을 받았습니다. 저희의 죄를 진심으로 회개하오니 긍휼히 여겨주시옵소서.

가신 받은 무당과 점쟁이 섬긴 죄를 회개합니다

하나님 아버지, 저와 저희 조상들이 조상신, 제석신, 성주신, 터주신 등 가신이라 여기는 귀신을 받은 무당과 점쟁이를 의지했습니다. 저희 조상들이 자녀가 어려움을 겪으면 조상신을 제대로 모시지 못해서 그런 줄 알고, 더 정성을 다해 제사 지냈습니다. 그래도 문제가 해결되지 않으면 사람의 길흉을 주관한다는 제갈공명, 옥황상제 신령을 받은 무당을 찾아가서 문제를 해결하려 했습니다.

하나님, 저와 저희 조상들이 집안에 세상을 일찍 떠나는 사람이 많거나 자녀들 문제 또는 일이 잘 풀리지 않을 때 제석신[8]을 제대로 섬기지 못했기 때문이라 생각하고, 제석신을 받은 무당을 찾아가거나 집에 불러서 굿하는 죄를 지었습니다. 또 가정의 운명을 알고 싶어서 터주신[9]을 받은 무당을 찾아가거나 불러서 굿하고, 유명하고 용한 점쟁이를 찾아가 점괘를 받아왔습니다. 용서해주시옵소서.

    사람이 죽고 사는 문제, 자녀, 일, 가정과 가문의 미래가 모두 창조주 하나님의 손에 달려있습니다. 그런데 저희가 무당과 점쟁이를 찾아가 그 안에 역사하는 귀신을 의지해서 문제를 해결하려 했습니다. 저희 조상들이 하나님을 몰라서 그렇게 살았지만, 하나님을 믿는 저희도 하나님의 도우심을 의심하거나, 하나님의 약속을 믿지 못해 흔들릴 때가 많았습니다. 무당과 점쟁이의 말은 전적으로 신뢰하고 따랐으면서 창조주 하나님의 말씀은 온전히 신뢰하지 못했습니다. 용서해주시옵소서.

"보라 내가(하나님) 오늘 생명과 복과 사망과 화를 네 앞에 두었나니 곧 내가 오늘 네게 명령하여 네 하나님 여호와를 사랑하고 그 모든 길로 행하며 그의 명령과 규례와 법도를 지키라 하는 것이라 그리하면 네가 생존하며 번

[8] 민간신앙에서 집안 사람들의 수명·자손·운명·농업 등을 관장한다는 가옥 안에 있다고 믿는 가신.
[9] 민간신앙에서 대지나 토지 또는 그 힘을 관장한다는 신.

성할 것이요 또 네 하나님 여호와께서 네가 가서 차지할 땅에서 네게 복을 주실 것임이니라(신 30:15-16)."

하나님께서 인간의 생사화복을 주관하시는데, 저와 저희 조상들이 무당과 점쟁이를 찾아가 자녀들의 문제를 해결하려고 한 죄를 용서해주시옵소서.

일월성신 받은 무당과 점쟁이 섬긴 죄를 회개합니다

하나님 아버지, 저와 저희 조상들이 해, 달, 별, 바람, 불 그리고 방위 등을 주관한다고 알려진 신을 받은 무당과 점쟁이를 찾아가 굿하고 점치는 죄를 지었습니다. 저희가 여름에 홍수가 나거나 태풍이 불면 물과 바람을 주관한다는 일월성신[10]에 빌고, 그 신령을 받은 무당과 점쟁이를 찾아가 굿하고 점쳤습니다.

저와 저희 조상들이 "너희는 신접한 자와 박수를 믿지 말며 그들을 추종하여 스스로를 더럽히지 말라(레 19:31)"는 하나님의 말씀을 거역하고, 하나님께서 가장 싫어하시는 거짓 신령과 그것을 받은 무당과 점쟁이를 의지하여 저희 가정과 가문과 이 나라를 더럽힌 죄를 진심으로 회개합니다. 저희 가문과 이 나라가 영적으로 더럽고 악취가 납니다. 저희의 죄를 뉘우치고 회개하오니 긍휼히 여겨주시고, 주의 보혈로 깨끗하게 씻어 주시옵소서.

이 외에 각종 신령을 받은 무당을 의지한 죄를 회개합니다

하나님 아버지, 저와 저희 조상들이 금이장군 신령 받은 무당에게 영험을 달라고 빌고, 부귀를 달라고 빌었습니다. 여행 가거나 긴 여정을 떠날 때

[10] 낮과 밤을 상징하며 인간에게는 행운과 수명을 내려주는 신령.

는 노신 받은 무당을 찾아가 지켜달라고 빌었습니다. 건강과 치유를 위해서 몸주대감, 유목신장, 임경업장군 신령 받은 무당 찾아갔고, 집안을 지키거나 집터의 액을 떨쳐내서 복을 받기 위해서는 성주대감 신령 받은 무당 찾아가 빌었습니다.

아버지, 저와 저희 조상들이 장수를 기원하기 위해서 삼도령, 삼불제석, 제갈공명 신령을 받은 무당을 찾아가 빌었고, 가족의 운명을 빌기 위해 삼도령 신령 받은 무당을 찾아갔습니다. 어려운 일을 당하거나 가족의 행복을 빌 때는 팔선녀 신령 받은 무당 찾아갔고, 길흉을 점치기 위해서는 곽선생 신령 받은 무당 찾아갔습니다. 용서해주시옵소서.

하나님 아버지, 저와 저희 조상들이 다양한 문제를 해결하기 위해 무당을 찾아가 굿한 죄를 낱낱이 회개합니다. 저의 회개를 들으시고 이 악한 죄를 용서해주시옵소서.

시간을 정해서 굿한 죄를 회개합니다

하나님 아버지, 저와 저희 조상들이 짧게는 저녁때 굿을 시작해서 다음 날 아침까지 1박 2일간 굿을 했습니다. 1박 2일 굿 중에서도 오후 5시에 시작해서 다음 날 저녁 9시에 끝나는 삼좌굿을 자주 했습니다. 삼좌굿에서 하루를 더해서 오좌굿, 또 하루를 더해서 칠좌굿이라고 부르며 여러 날 굿하는 죄를 지었습니다. 때로는 밤낮으로 일주일 동안 굿판을 벌이기도 했습니다. 용서해주시옵소서.

굿을 할 때 먼저 주변의 귀신들을 굿판에 초청하고(청신), 무당이 음악과 춤으로 초청한 귀신들을 즐겁게 해주었습니다(오신). 그리고 나면 무당이 귀신의 말을 듣고 전달하는 시간을 가진 뒤(공수), 귀신들을 돌려보내는 굿을 했습니다(송신). 저희가 이 외에도 더 다양하고 복잡한 절차를 만들어 굿을 했습니다. 회개합니다. 용서해주시옵소서.

24거리 굿한 죄를 회개합니다

하나님 아버지, 저와 저희 조상들이 사는 지역에 따라 12 거리굿, 24 거리 굿 하는 죄를 지었습니다. 저희가 굿하는 자리와 집 주변의 나쁜 기운을 쫓고, 안당의 조상신과 성주신[11]에게 굿하는 사실을 알리기 위해 안반굿을 했습니다(1거리). 징, 장구, 제금 소리로 주변 귀신들을 굿당에 초청하기 위해 신청울림굿을 하고(2거리), 여러 귀신이 강림하기를 바라며 거상춤과 막춤을 추며 강림한 신들을 즐겁게 해주기 위해 일월성신맞이굿 한 죄를 회개합니다(3거리). 자손을 얻기 위해 또는 장수를 기원하며 칠성굿을 했습니다(4거리). 산에서 죽은 장군 귀신을 모시기 위해, 가까운 명산의 산신 중에 최고의 신을 모시기 위해, 마을의 부군도당을 모시기 위해 성산부군맞이굿을 하는 죄도 지었습니다(5거리). 용서해주시옵소서.

[11] 집에 깃들어 집의 건물을 수호한다는 신.

굿청을 깨끗하게 해서 굿판에 참석한 사람들의 부정을 물리치고 제신[12]들이 즐겁게 놀 수 있도록 초부정굿을 했습니다(6거리). 굿당의 부정을 씻고 오늘 맞이할 모든 신령과 조상들을 차례로 모셔다 앉히기 위해 초감흥굿을 했습니다(7거리). 영정 상 위에 제물을 조금씩 차리고, 영정 바가지를 머리에 이고, 장단에 맞추어 춤을 추며 조상 신령을 맞이하기 위해 초영정굿을 했습니다(8거리). 마시는 술잔과 제사 때 붓는 술잔에 복을 달라며 복잔내림굿을 하는 죄를 지었습니다(9거리). 용서해주시옵소서.

[12] 제사로 모시는 신.

제석신을 받들기 위해 불교 색채를 강하게 띤 제석굿을 했습니다(10거리). 농사나 사업 잘되게 해달라고 또는 자손이 번성하게 해달라고 소놀음굿을 하고(11거리), 집안을 지켜달라고 빌며 성주굿을 했습니다(12거리). 육식

[13] 무당이 굿할 때에, 집이나 터, 나무, 돌 따위에 붙어 있는 신이나 그 밖의 여러 신을 높여 이르는 말.

[14] 무녀(巫女)를 높여 이르는 말로 특히 한강 이북의 강신 무당을 일컫는 용어.

을 못 하는 대감[13] 귀신을 대접하기 위해 소대감놀이굿을 했고(13거리), 죽은 만신[14]을 받들기 위해 말명도산굿 한 죄를 회개합니다(14거리). 용서해주시옵소서.

　　신당에 모신 신들에게 인삼 녹용을 대접하기 위해 사슴 대신에 집에 있는 돼지를 잡아서 대접하는 사냥굿을 했습니다(15거리). 집안의 안전과 만복을 기원하고 잡귀를 물리쳐달라고 성수거리굿을 했습니다(16거리). 제 명에 못 살고 억울하게 죽은 귀신의 원한을 풀어주기 위해 생타살군웅굿 하고(17거리), 생 타살로 잡은 고기를 익혀서 모든 귀신에게 바치는 익은타살굿 한 죄를 지었습니다(18거리). 또한, 집터를 지켜주고 해마다 운수대통하게 해달라며 대감놀이굿 하고(19거리), 먼 길을 떠날 때 마을의 액운과 부정을 막아달라고 서낭굿 하는 죄를 지었습니다(20거리). 용서해주시옵소서.

　　영생극락과 자손의 부귀영화를 허락해 달라고 조상굿 하고(21거리), 칠성신에게 승리를 알리고 액운을 물리치기 위해 작두 위에 올라가 춤을 추며 작두거리굿을 했습니다(22거리). 임무를 띠고 타국에 간 자들이 임무를 잘 마치고 돌아오도록 빌며 사신굿을 하고(23거리), 굿을 위해 모여들었던 귀신들을 전송하기 위해 마당굿 하는 죄를 지었습니다(24거리). 회개합니다. 용서해주시옵소서.

자연재해와 전염병을 막기 위해 굿한 죄를 회개합니다

하나님 아버지, 저와 저희 조상들은 무당이 귀신을 통해서 인간의 길흉화복을 주관한다고 믿었습니다. 그래서 저희 조상들이 귀신과 돈독한 관계를 회복해야 할 때 또는 좋은 관계를 유지해야 할 때 천신굿을 하고, 귀신과 얽히고설킨 관계를 풀어야 할 때 지노귀굿을 했습니다. 저희 조상들이 혼인하거나 환갑을 맞이하는 등 가정에 경사가 생겼을 때 귀신이 도와서 그렇다고 믿고, 도움을 준 귀신에게 가정의 기쁜 일을 알리기 위해 여탐굿을 했습니다. 용서해주시옵소서.

하나님, 저와 저희 조상들이 한 해 농사에 먹고사는 문제가 달려있었기 때문에 해마다 풍년이 되기를 빌며 풍농굿을 했습니다. 개인이나 가정에 원하지 않는 일이 발생하면 귀신이 붙어서 그렇다고 생각하고, 귀신을 떼려고 허주굿을 했습니다. 갑자기 돌풍이 불어 농작물이 쓰러지거나 과일이 낙과하면 누름굿을 하며 노한 신을 잠재우려고 했습니다. 저희가 무지하고 어리석었습니다. 용서해주시옵소서.

저희 조상들은 가문의 대를 잇기 위해 반드시 사내아이가 필요하다고 생각했습니다. 그래서 사내아이를 낳지 못할 때 성주받이굿을 했습니다. 저희 조상들이 급성 전염병인 천연두로 인해 고열이 나거나 온몸에 발진이 생겨 가족이 죽고 마을 사람들이 죽으면, 천연두를 앓게 하는 귀신을 달래고 쫓아내기 위해 마마배송굿을 했습니다. 또 나라에 가뭄, 역병, 원인 모를 병충해와 재앙이 일어나면 왕실에서 주도적으로 천존굿을 하며 귀신의 분노를 가라앉히려고 노력했습니다. 특별히 조선 시대에는 궁궐 밖에 굿 제당을 설치해서 굿하는 죄를 지었습니다. 용서해주시옵소서.

"도둑이 오는 것은 도둑질하고 죽이고 멸망시키려는 것뿐이요…(요10:10)."

하나님, 저와 저희 조상들이 잘 먹고 잘살려고 굿을 했지만, 오히려 악한 영들을 불러들여 물질, 건강, 관계 등 삶의 여러 측면에서 손해를 입었고, 하나님이 주신 축복도 빼앗겼습니다. 이 시간 저희의 죄를 회개하오니 긍휼히 여겨주시고, 빼앗기고 손해 본 것들을 회복시켜 주시옵소서.

생활과 밀접하게 관련된 굿을 한 죄를 회개합니다

하나님 아버지, 저와 저희 조상들이 장사나 사업을 시작할 때 또는 하는 도중에 재수굿(운맞이 굿)을 했습니다. 정기적으로 날을 정해서 하지는 않았지만, 사업이 어려워지면 수시로 재수굿을 했습니다. 굿의 효험이나 덕을 보지 못하면 정성이 부족하다고 생각해서 더 정성을 들여 굿을 했습니다. 용서해주시옵소서.

하나님, 저와 저희 조상들이 영혼결혼굿 한 죄를 회개합니다. 자녀가 생전에 결혼하지 못하고 죽으면, 그 영혼의 넋을 기리기 위해 영혼끼리 짝을 맺어 결혼식을 올려주었습니다. 그리고 물에 빠져 죽은 혼신의 넋을 건지기 위해서 넋건지는굿을 했습니다. 용서해주시옵소서.

또 저와 저희 조상들이 동토굿[15] 한 죄를 회개합니다. 이사를 잘못해서 탈이 난 경우, 집에 헌 물건이 들어와 탈이 난 경우, 상갓집에 갔다가 탈이 난 경우, 집수리하다가 탈이 난 경우, 출항을 잘못해서 탈이 난 경우 동토굿을 했습니다. 산소에 나무를 베어서 탈이 난 경우, 산소를 잘못 써서 탈이 난 경우, 잔칫집에 갔다가 탈이 난 경우에도 동토굿을 했습니다. 동토가 났는데도 굿을 하지 않으면 나중에 굿을 해도 풀어지지 않고, 영원히 불구가 되거나 죽는다고 믿어서 그랬습니다. 이 어리석고 악한 죄를 용서해주시옵소서.

[15] 동토는 흙이나 나무 또는 쇠 등 물건을 잘못 만져서 생기는 탈이다.

저와 저희 조상들이 병자굿 한 죄를 회개합니다. 집안에 질병이 생기고 가족들이 아플 때 병자굿을 했습니다. 신체적 장애가 생기거나 정신 이상자가 나와도 병자굿을 했습니다. 회개합니다. 용서해주시옵소서.

다양한 지역에 살면서 굿 한 죄를 회개합니다

하나님 아버지, 저와 저희 조상들이 서울, 경기 지역에 머물거나 살면서 온 마을 사람들과 함께 도당에 모여 수호신에게 안녕과 평안을 기원하며 당굿 했습니다. 지신(터주신)이 터를 맡아보며 집안과 마을과 나라의 액운을 걷어주고 재복(財福)을 준다고 믿어서 지신굿 했습니다. 또 죽은 사람의 한을 풀어주어 더 좋은 곳에 보내기 위해서는 지노귀굿 했습니다. 용서해주시옵소서.

저와 저희 조상들이 경기도와 서해안 지역에 머물거나 살면서 마을의 안녕과 풍어를 기원하며 배연신굿 했습니다. 죽은 사람의 명복을 빌기 위해서 춤추며 살풀이[16]했고, 살아 있는 사람들이 아무 탈 없도록 상문굿 했습니다. 또 집안의 모든 일이 형통하기를 바라며 경사굿 했고, 마을의 수호신에게 복을 빌며 도당굿 했습니다. 용서해주시옵소서.

하나님, 저와 저희 조상들이 강원도 지역에 머물거나 살면서 풍요와 평안을 바라며 삼 년 또는 십 년에 한 번씩 정기적으로 서낭당에서 마을 수호신에게 유교식으로 제사 지냈고, 무당을 동원해서 당에서 별신굿 한 죄를 회개합니다. 이는 원시 고대의 제천의식[17]을 계승한 것으로 십여 명 이상의 무당들이 집단으로 수호신에게 굿을 하는 대규모 굿입니다. 마을 전체가 이 악한 우상숭배에 적극적으로 참여한 죄를 회개합니다.

저와 저희 조상들이 경상도 지역에 머물거나 살면서 각종 굿 한 죄를 회개합니다. 경상도 내륙 지방에서 안동을 중심으로 마을의 평화와 농사의 풍년을 기원하며 별신굿 했습니다. 섣달 보름날이나 특별한 날이 있을 때는 무진생[18](戊辰生) 성황에게 굿했습니다. 굿과 더불어 성황을 즐겁게 해주려고 탈놀이를 했습니다. 저희 조상들이 굿을 주도하기도 하고, 적극적으로 참여해서 즐기기도 했습니다. 이 외에도 경상도 동해안 지역에서는 범에게 물려 죽은 사람들을 위로하기 위해 촌락 단위로 범굿 했고, 경상도 남쪽 지역에서는 죽은 사람의 넋[19]을 극락으로 인도하기 위해 지노귀 새

[16] 타고난 살(사람을 해치거나 물건을 깨뜨리는 모질고 나쁜 귀신의 기운)을 풀기 위해 하는 굿.

[17] 하늘을 숭배하고 제사하는 의식. 우리나라 초기의 부여, 고구려, 동예, 삼한 등에서 행해진 일종의 추수감사제.

[18] 마을의 수호신으로 여겨지고 있는 상당의 여신. 마을에 액을 몰아내고 복을 가져다주는 존재로 여겨지고 있음.

[19] 사람의 육신에 깃들어 몸을 거느리고 정신을 다스리는 기. 몸이 죽어도 영원히 남아 있다고 믿는다.

남굿 하는 죄지었습니다. 용서해주시옵소서.

하나님, 저와 저희 조상들이 충청도에 머물거나 살면서 마을 단위 수호신에게 풍요와 평안을 기원하며 별신굿 한 죄를 회개합니다. 물에 빠져 죽은 사람의 넋을 건져 저승으로 보내기 위해 수망굿 했고, 집안 단위로 각종 문제를 해결하기 위해 유행처럼 앉은굿 했습니다. 독경무가 앉은 자세로 북과 꽹과리를 두들기고 독경을 하며 무속의례를 행했습니다. 용서해주시옵소서.

저와 저희 조상들이 전라도에 머물거나 살면서 죽은 이의 영혼을 깨끗이 씻어 주어 이승에서 맺힌 원한을 풀고 극락왕생하기를 빌며 씻김굿 한 죄를 회개합니다. 억울하게 죽은 수중 영가들이나 전쟁에 참전해 죽은 영혼들의 한을 풀어주려고 넋풀이 굿도 했습니다. 농사의 풍년을 기원하고, 아이들의 무병장수와 출세, 마을의 안녕과 동민들의 단합을 위해서는 삼동굿 했습니다. 회개합니다. 용서해주시옵소서.

하나님, 저와 저희 조상들이 제주도에 잠시 머물거나 살면서 음력 2월 초하루에서 보름 사이에 해녀와 어부의 안전을 빌며 영등굿 했습니다. 제주도는 섬이라 먹고 살기 위해서 반드시 고기를 잡아야 했습니다. 그래서 바다를 주관한다고 믿은 용왕[20]의 마음을 사로잡기 위해 용굿 했습니다. 용서해주시옵소서.

저와 저희 조상들이 북한 지역에 머물거나 살면서 다양한 굿 한 죄를 회개합니다. 평안도 지역에서는 죽은 사람의 영혼을 좋은 곳에 보내기 위해 이틀 이상 다리굿 했습니다. 이 굿은 이틀 이상 소요되는 큰 규모의 굿입니다. 굿당 위 허공에 이승과 저승을 잇는 다리를 상징하는 긴 무명을 만들고, 여기에 영혼을 실어서 저승으로 천도하는 의례를 행했습니다. 그리고 나면 무당이 다릿발 사이를 오가며 염불을 부르면서 극락천도를 염

[20] 용을 신격화한 말. 용은 상상의 동물로, 기린·봉황·거북과 함께 4대 영물 중 하나이다. 동서양 모두 뱀을 원형으로 하여 다른 동물을 혼합시킨 모습을 하고 있다. 가정의 평안, 가족의 무병장수, 풍년, 풍어, 무사항해 등을 관장하는 신으로 여겨진다.

원했습니다. 함경도 지역에서는 죽은 사람의 넋을 좋은 곳으로 인도하기 위해 밤낮으로 일주일 동안 망령굿을 했습니다. 황해도 지역에서는 집안에 재수가 형통하기를 바라며 재수굿을 했습니다. 용서해주시옵소서.

하나님 아버지, 저와 저희 조상 중에 무당, 박수, 점쟁이가 된 자들이 있었습니다. 악한 영들의 통로가 되고 도구가 되어 다른 이들을 망하는 길로 인도한 죄를 회개하오니 용서해주시옵소서.

조상들이 무당과 점쟁이가 된 죄를 회개합니다

하나님 아버지, 저희 조상 중에 시름시름 앓거나 몸이 마비되거나 집안사람들이 차례대로 죽는 등 신병(무병)[21]을 앓으면 신내림을 받고 강신무가 된 죄를 회개합니다. 강신무가 되어 신점[22]을 보고 영점[23]을 쳐서 사람들을 미혹하고 속였습니다.

하나님, 저와 저희 조상들이 어머니의 태에서부터 무당으로 점지 되어 태중에서부터 신내림을 받은 세습무가 된 죄를 회개합니다. 또 영력이 없어 강신무가 되지 못하면 혈통에 따라 세습무가 된 죄를 회개합니다. 사람들의 필요에 따라 굿을 하거나 점괘를 알려주며 돈을 받고 거짓을 일삼았습니다. 때로는 세습무끼리 결혼해서 동네에서 제사장 역할을 하며 하나님을 대적했습니다. 용서해주시옵소서.

하나님, 저와 저희 조상들이 철학, 토정비결[24], 풍수지리[25] 등을 학습해서 학습무가 된 죄를 회개합니다. 앞이 보이지 않아서 춤추며 굿하는 무당이 되기 어려워서 학습무가 되기도 하고, 접신한 신의 성격에 따라 학습무가 되기도 했습니다. 저와 저희 조상들이 신을 받지 못하거나 학습이 부

[21] 강신무가 무당이 되기 위해 필수적으로 거치는 강신체험 현상의 하나로, 성별·신분·가계·연령 등에 상관없이 갑자기 원인 모르게 앓기 시작한다.
[22] 신이 보는 점, 신을 실어서 보는 점으로 주로 먼 미래를 점친다.
[23] 조상신을 받아서 점치는 점으로 사소한 가정사나 현재 또는 가까운 미래를 점친다.

[24] 조선 중기의 학자인 이지함이 지었다는 예언서. '토정'은 이지함의 호이고, '비결'은 사람의 길흉화복을 적어 놓은 책을 뜻한다. 조선 후기부터 지금까지 운세를 점치는 도구로 사용되고 있다.
[25] 산세·지세·수세 등을 판단하여 이것을 인간의 길흉화복에 연결시키는 설.

[26] 서투르고 미숙하여 굿을 제대로 하지 못하는 무당.

족해서 굿을 주관하지 못하면 보살, 신장할멈, 칠성할멈이라 불리는 선무당[26]이 되어 무속인으로 살아간 죄를 회개합니다. 용서해주시옵소서.

하나님 아버지, "무당과 점쟁이를 살려두지 말고 돌로 쳐 죽이라 그 피가 그들의 머리로 돌아가리라 (레 20:27)"는 하나님의 말씀이 얼마나 무서운 말인지 모르고, 저와 저희 조상들이 무당과 점쟁이 짓을 했습니다. 귀신이 주는 능력을 더 많이 받으려고 다양한 신령을 받았고, 더 용한 무당이 되려고 거금을 주고 귀신을 받는 죄를 지었습니다. 저와 저희 조상들이 무당이 되어 저희의 몸에 악한 영들을 불러들이고, 저희 가문에 더러운 영들이 가득하게 만들었습니다. 그래서 집안에 아픈 사람, 신병에 걸린 사람들이 많았습니다.

저희가 여러 신령을 받아 무낭 짓을 하거나 무당을 섬겨서 혼란스러운 삶을 살았습니다. 생각이 어지럽고 정리가 되지 않아 갈피를 잡지 못했습니다. 그 결과 잘못된 선택을 하거나 주저하다가 기회를 놓칠 때가 많았습니다. 이것이 악한 영들의 역사였음을 몰랐습니다. 긍휼히 여겨주시옵소서.

[27] 점을 쳐 준 값으로 점쟁이에게 주는 돈.

또 저희가 귀신과 평생 함께 살면서 굿하고 점치며 복채[27]를 받아먹었습니다. 이렇게 더러운 일을 해서 돈을 벌고, 악한 일에 돈을 사용해서 가난하게 되었습니다. 저희의 죄가 해결되지 않아 가난을 대물림하며 힘겹게 살았습니다. 이 시간 저희의 죄를 뉘우치며 겸손하게 엎드리니 용서해주시옵소서.

무당이 자신을 위해 굿한 죄를 회개합니다

하나님 아버지, 저희 조상 중에 신내림 받아 무당이 되기 위해 강신굿을 했습니다. 강신굿을 하면서 신병이 확실해지면, 큰 무당을 불러서 내림굿 하는 죄를 지었습니다. 저희 조상들이 강신굿, 내림굿을 하며 강신한 신을 '몸주'[28]로 맞아들이고, 신단[29]에 드려져 전문적인 무당이 되었습니다. 또 저희 조상 중에 무당이나 박수가 된 자들이 자신들의 문제를 해결하기 위해 기자굿 하는 죄를 지었습니다. 하나님께서 "너는 무당을 살려두지 말라 (출 22:18)"고 하셨습니다. 하나님께서 죽이라고 명령하실 만큼 악하고 해로운 존재인 무당이나 박수가 된 자들이 저희 가문에 많이 있었습니다. 이 두렵고 큰 죄를 마음을 다해 회개하오니 용서해주시옵소서.

하나님, 저희 조상 가운데 많은 무당을 거느린 족보 있는 무당이 있었습니다. 주위로부터 큰 무당이라는 칭호를 들었습니다. 큰 무당이 되어 자신이 길러낸 무당들과 단골들의 운수 대통을 빌며 자신의 회갑, 칠순, 팔순에 딱 세 번 만구대택굿을 했습니다. 만 인간과 만 단골의 만 가지 나쁜 구설수와 액을 크게 막아달라고 귀신에게 빌며 굿했습니다. 또 마을 사람들의 건강과 대동단결을 위해, 크게는 나라의 태평성대를 기원하며 굿을 했습니다. 회개합니다. 용서해주시옵소서.

무당으로 살며 원망하고, 우울하게 산 죄를 회개합니다

하나님 아버지, 조선 시대에 들어와서 성리학[30]이 나라의 근본을 형성하면서 무당이 박해를 받았습니다. 무당을 천민으로 전락시켜 천대하고 핍박했습니다. 무당을 음란하고 더러운 자들로 취급해서 멸시하고 무시했습니다. 또한, 일제 강점기 때는 무당이 말살될 정도로 탄압을 했습니다. 그래서 저희 조상 중에 무당이나 박수가 된 자들이 나라를 원망하고, 나랏일을 맡은 자들을 저주했습니다. 무당과 점쟁이 짓 하던 저희 조상들이 도

[28] 강신무당이 자신의 몸의 주인(主), 즉 수호신으로 섬기는 신.

[29] 신령에게 제사 지내는 단.

[30] 중국 송나라 때의 유학의 한 계통으로, 성명과 이기의 관계를 논한 유교 철학. 우리나라에는 고려 말기에 들어와 조선의 통치 이념이 되었다.

[31] 무당들이 집단으로 거주하는 마을.

성 밖으로 내쫓기고 격리를 당했습니다. 그래서 평생을 귀신을 벗삼아 혼자 살거나 다른 무당들과 모여 무당골[31]을 형성하거나 어쩔 수 없이 백정들과 함께 살았습니다. 사회 전체에서 소외를 당하고 고립되어 외로워하고 우울해하며 평생을 살았습니다. 그래서 저희 가정과 친척들 가운데 우울증에 시달리거나 외롭게 사는 자들이 많습니다. 상당 부분 조상들이 무당을 섬기고 무당짓을 해서 그렇습니다. 용서해주시옵소서.

하나님 아버지, 저와 저희 조상들이 무당이 만든 형상을 따라 섬기고, 무당과 점쟁이를 찾아가서 작명하거나 개명하고, 각종 도구로 귀신을 섬기고, 무당을 무형문화재로 지정해서 높인 죄를 회개합니다. 용서해주시옵소서.

무당이 만든 형상을 섬긴 죄를 회개합니다

하나님 아버지, 무당과 점쟁이가 자기가 받은 신을 여러 형상으로 만들어 섬겼는데, 저희가 그 형상을 따라 섬기는 죄를 지었습니다. 무신을 형상화해서 섬겼습니다. 조각상 만들어 섬기고. 자연물 형태로 두고 섬겼습니다. 종이에 이름 적어 섬기고 안방, 아랫목, 천장 등 집의 특정 공간을 섬기기도 했습니다. 용서해주시옵소서.

무당을 찾아가 작명한 죄를 회개합니다

[31] 인간의 운명을 알아보는 네 가지 요소와 그를 표현하는 여덟 글자. 사주는 인간의 운명을 지탱하는 네 가지 기둥으로 태어난 연월일시를 가리키고, 팔자는 여덟 글자인데 연월일시를 앞서 살펴본 간지로 표현한 것을 가리킨다.

하나님 아버지, 저와 저희 조상들이 무당이나 점쟁이를 찾아가 아이의 이름을 작명하는 죄를 지었습니다. 사주팔자[32], 관상, 손금 등 전반적인 역학 분야를 잘 보는 곳을 찾아가 작명했습니다. 또 저와 저희 조상들이 일이 풀리지 않고 삶이 풀리지 않을 때, 이들을 찾아가 이름을 바꿨습니다. 이름은 한 사람의 인생을 대표하고 그 정체성을 나타내는 것인데, 이렇게 중요한 이름을 귀신의 종노릇 하는 이들을 찾아가 지었습니다. 저희가 이름을 짓고 부탁할 만큼 무당과 점쟁이를 믿고 의지한 죄를 회개합니다. 그뿐만 아니라 자식을 무당에게 팔고 무당 아들로 이름을 올려놓기도 했습니다. 용서해주시옵소서.

무당을 무형문화재로 등재한 죄를 회개합니다

하나님 아버지, 무당이 민족의 무속 신앙을 대표한다고 해서 무당을 무형문화재로 지정하고, 국가세금으로 월급 주는 일에 저희 조상들이 일조한 죄를 회개합니다. 전주대사습놀이로 무당을 발굴해서 무형문화재로 만들고, 강릉 단오제는 세계 유네스코 무형문화재로 지정해서 보존하는 죄를 짓고 있습니다. 하나님께서 돌로 쳐 죽이라고 하신 무당과 점쟁이들을 부끄럽게 생각하지 않고, 오히려 자랑스러워하며 나라의 유산으로 삼은 것을 용서해주시옵소서.

하나님께서 "접신한 자와 박수무당을 음란하게 따르는 자에게는 내가 진노하여 그를 그의 백성 중에서 끊으리니(레 20:6)"라고 말씀하셨습니다. 하나님, 저와 저희 조상들이 오랜 세월 동안 무당과 점쟁이를 음란하게 따라서 하나님과 단절되었습니다. 하나님의 백성에서 끊어지면 마귀의 자식이 되는데, 그 사실을 모르고 무당과 점쟁이를 음란하게 따랐습니다. 지금도 저희 가문에 무당을 찾아가 점치고 굿하는 사람들이 많습니다. 이렇게 무당을 가까이하며 저희가 영적으로 음행하고, 이 더러운 영의 영향을 받아 실제로도 음란하게 산 죄를 회개합니다. 이 시간 회개하오니 저와 저희 조상들을 긍휼히 여겨주시고, 하나님과 저희의 관계를 온전하게 회복시켜 주시옵소서.

다양한 도구로 귀신 섬긴 죄를 회개합니다

하나님 아버지, 무당이 꿈이나 수련 중에 본 귀신의 모습을 그린 탱화를 저와 저희 조상들이 구매해서 소원을 빈 죄를 회개합니다. 또한, 청동으로 만든 거울을 구매해서 수호신으로 삼고 빌었습니다. 그뿐 아니라 무당이 굿을 할 때 사용한 신기[33]를 얻어서 가져오기도 하고, 만들어서 집에 두는 죄를 지었습니다. 용서해주시옵소서.

무당이 만들어 진열하거나 굿할 때 사용한 무당칼[34]을 저와 저희 조상들이 구입하는 죄를 지었습니다. 그리고 무당이 굿할 때 사용하거나 장식해둔 무당 부채[35]를 얻어서 보관하는 죄도 지었습니다. 이 외에도 저와 저희 조상들이 무당이 사용한 다양한 악기와 모자 등을 구매하거나 얻어서 보관하며 악귀를 물리쳐달라고 빌었습니다. 이 악하고 어리석은 죄를 회개하오니 긍휼히 여겨주시옵소서.

당산나무 섬긴 죄를 회개합니다

하나님 아버지, 당산나무에 당산신이나 서낭신이 깃들어 있다고 생각해서 마을 사람들이 당산나무를 신격화시켰습니다. 당산나무가 있는 곳을 신단, 산제당, 서낭당, 산신당, 도당으로 부르며 마을의 성역으로 삼는 죄를 지었습니다. 당산나무는 낮은 언덕, 산기슭, 작은 봉우리에 자리 잡고 있어 쉽게 눈에 띄었습니다. 대게 우거진 고목을 당산나무로 삼아 나무 둘레에 금줄을 치고, 밑동에 새끼나 백지를 감아 구별했습니다. 때로는 저

---

[33] 무녀가 기도를 하기 위한 단을 설치할 때 쓰는 기. 장군기, 장해발기, 소당기, 오방기, 서낭기, 일월기, 부군기, 백호기 등이 있다.

[34] 무당이 굿에서 사용하는 칼에는 신칼·언월도·삼지창·작두가 있는데 각 굿거리에서 모시는 신령의 종류에 따라 장군칼, 신장칼, 대신칼, 칠성칼 등 다양한 종류로 나뉜다. 주로 굿을 하면서 부정을 풀 때 많이 사용하고, 점을 칠 때도 사용된다.

[35] 부채살이 길고 부채의 면이 큰 것으로 무당이 굿을 할 때 사용하는 부채. 불사 부채, 대신 부채, 칠성 부채, 삼불 부채, 애기씨 부채 등 매우 다양하다.

와 저희 조상들이 당산나무 밑동에 작은 당집을 짓거나 신줏돌을 두었습니다. 이렇게 당산나무를 신격화해 놓고 고사를 지냈습니다. 당산 자체가 하늘 세계와 지상 세계를 잇는 매개체라 생각해서 하늘에서 오는 신의 내림을 직접 받아 고사를 지내며 굿하는 제단으로 삼았습니다. 하나님께서 지으신 나무를 신으로 섬긴 악한 죄를 회개합니다. 용서해주시옵소서.

"너는 범사에 그를 인정하라 그리하면 네 길을 지도하시리라(잠 3:6)."

사람의 문제를 해결하시고 인도하시는 분은 여호와 하나님 뿐이십니다. 그런데 저와 저희 조상들이 어리석어서 무당과 점쟁이가 저희 문제에 대한 해결책과 방향을 제시해 준다고 믿었습니다. 저희 가문의 조상들이 수십 대에 걸쳐서 무당과 점쟁이를 의지하던 습성이 남아서 오늘날 하나님을 믿고 섬기면서도 여전히 무당과 점쟁이를 찾아가는 부끄러운 죄를 지을 때가 있습니다. 저희가 무당과 점쟁이를 가까이해서 하나님의 도우심과 인도를 받지 못했습니다. 그래서 힘들고 어려울 때 주변에 돕는 사람들이 없었고, 저희를 이끌어 줄 자들을 만나지 못해 오랜 시간 고생하고 고통받았습니다.

또 저와 저희 조상들이 타인과의 관계가 원만하지 못했고, 오래가지 않았습니다. 가족과 하나가 되지 못하고, 일터 사람들과 하나가 되지 못하고, 교회 안에서도 하나가 되지 못했습니다. 매일 다투고, 싸우고, 혈기 부리고, 서로 상처 주고, 밀어내며 살았습니다. 그래서 저희가 있는 곳에 불화가 끊이지 않았습니다. 이 모든 것이 무당 짓하고, 무당을 가까이해서 역사하는 악한 영들 때문인 것을 몰랐습니다.

"모든 겸손과 온유로 하고 오래 참음으로 사랑 가운데서 서로 용납하고 평안의 매는 줄로 성령이 하나 되게 하신 것을 힘써 지키라(엡 4:2-3)."

성령께서 하나 되게 하신 것을 힘써 지켜야 하는데, 무당을 섬겨서 가정, 교회, 사회, 나라가 분리되고 깨어지게 만든 것을 진심으로 회개합니다. 용서해주시옵소서.

"네가 만일 네 하나님 여호와의 말씀을 순종하지 아니하여 내가 오늘 네게 명령하는 그의 모든 명령과 규례를 지켜 행하지 아니하면 이 모든 저주가 네게 임하며 네게 이를 것이니(신 28:15)."

하나님 아버지, 저와 저희 조상들이 하나님께서 금하신 무당과 점쟁이를 의지하고, 직접 무당과 점쟁이가 되어 귀신이 역사하는 통로가 된 죄를 다시 한번 회개합니다. 이 죄로 인해 하나님의 무서운 저주가 저희 가문에 내려오는 것을 몰랐습니다. 이 시간 온 마음을 다해 지난 수천 년간 하나님의 말씀을 거역하고, 이 땅에서 무당을 섬기고, 무당 짓 한 죄를 회개하오니 저와 저희 가정을 긍휼히 여기시고 용서해주시옵소서. 우상숭배로 인해 역사하는 악한 영들의 뿌리를 뽑아 주시고, 이들의 지배에서 완전히 벗어나게 해주시옵소서. 하나님의 인도와 보호 아래 살아가게 하시고, 이 땅에 사는 동안 온전히 주님과 동행할 수 있게 해주시옵소서.

예수 그리스도의 이름으로 기도합니다. 아멘

미신과 잡신을 섬긴 죄를 회개합니다

SUPERSTITION & EVIL SPIRITS

4

4. | 우상숭배 |
미신과 잡신을 섬긴 죄를 회개합니다

하나님 아버지, 저와 저희 조상들이 조상 대대로 미신을 믿고, 아무 문제의식 없이 잡신을 섬긴 죄를 회개합니다. 하나님께서 "나 외에는 다른 신들을 네게 두지 말지니라(신 5:7)"라고 명하시며 우상숭배를 금하셨지만, 저와 저희 조상들은 이런 하나님의 말씀을 대적하고 온갖 미신과 잡신을 만들어서 믿고 따랐습니다. 저희의 풍습과 문화에 미신과 잡신이 깊게 스며들어 이것이 우상숭배인지조차 모르고 살았습니다.

"너희의 하나님 여호와께서 너희에게 명하신 명령과 증거와 규례를 삼가 지키라(신 6:17)"

저와 저희 조상들이 하나님의 명령과 증거와 규례를 지키지 않고, 대신에 수많은 미신을 믿고 잡신 섬긴 죄를 이 시간에 진심으로 회개하오니 제 기도에 귀를 기울여 주시고, 저와 저희 조상들의 죄를 용서해주시옵소서.

정초에 미신 믿고 잡신 섬긴 죄를 회개합니다

하나님 아버지, 저와 저희 조상들이 설날 새벽에 사람이나 짐승의 소리를 들으며 점을 쳤습니다. 설날 아침에 묵은 것을 떨어내고 새 출발 하기 위해 설빔으로 아이들에게 색동옷을 입혔습니다. 또 설날 아침에 조상신에게 차례를 지내고, 장수하려고 떡국 먹었습니다. 용서해주시옵소서.

역신[1]을 물리치기 위해서 임금에게 도교 그림을 바치고, 백성들은 닭이나 호랑이 그림을 벽에 붙여놓고 빌었습니다. 또 악귀와 병을 물리치기 위해 일 년 간 빠진 머리카락을 모아 두었다가 설날 저녁에 대문 밖에서 태웠습니다. 한해 신수를 점치려고 오행점[2] 보고, 설날에 길흉을 쫓는다며 윷놀이하고, 윷을 던져 한 해 신수를 점치는 죄도 지었습니다. 용서해주시옵소서.

하나님 아버지, 저와 저희 조상들이 미신잡신 믿고 섬기면서 모든 일이 형통하기를 빌었지만, 오히려 악한 영들을 불러들여 일이 풀리지 않았습니다. 처음에는 일이 잘 풀리는 것 같다가도 하는 일마다 막히고 꼬여서 저희의 앞길이 형통하지 못했습니다. 이 시간에 저와 저희 조상들이 미신잡신 섬긴 죄를 진심으로 회개하오니 하나님이 맡겨주신 소명대로 살지 못하도록 방해하고, 하나님이 주신 복을 누리지 못하게 훼방하는 모든 악한 영들을 제거해 주시옵소서.

정월 대보름에 미신 믿고 잡신 섬긴 죄를 회개합니다

하나님 아버지, 신라 시대 설화에 까마귀가 왕을 살린 영험한 조류로 등장하면서 까마귀에게 찰밥을 지어 제사 지내던 것이 발전해서 저와 저희 조상들이 음력 대보름 전날에 액을 떼고 죽음에서 벗어나기 위해 오곡밥을

---

[1] 민간 풍속에서 전염병을 퍼뜨린다고 믿는 신.
[2] 오행인 금·목·수·화·토의 다섯 글자로 음양오행설의 이치를 풀어서 헤아리는 점.

지어 먹었습니다. 먼저 집안의 여러 가신에게 오곡밥을 올리고 나면 식구나 이웃 간에 오곡밥 나눠 먹었습니다. 용서해주시옵소서.

하나님, 저와 저희 조상들이 음력 정월 대보름날에 지신밟기 한 죄를 지었습니다. 마을 사람들로 구성된 농악대를 앞세우고 집마다 돌면서 땅을 다스리는 신령을 달래고 연중 무사를 비는 의식을 행했습니다. 하나님께서 "토지를 영구히 팔지 말 것은 토지는 다 내것임이니라(레 25:23상)"고 말씀하셨습니다. 땅은 하나님께 속한 것인데, 저희 조상들이 무지해서 나쁜 일이 생기지 않도록 토신에게 빌었습니다. 이 어리석은 죄를 용서해주시옵소서.

하나님, 저와 저희 조상들이 정월 대보름 전날 밤에 긴 막대기나 줄에 불을 달아 빙빙 돌리면서 놀다가 논둑이나 밭둑에 있는 쥐를 쫓으려고 쥐불놀이했습니다. 쥐불놀이하면 일 년 동안 안 좋은 일이 일어나지 않는다는 미신을 믿었습니다. 또 액운을 멀리 날려 보내기 위해 연을 날리다가 줄을 끊어서 날려 보냈습니다. 용서해주시옵소서.

하나님, 저와 저희 조상들이 더위를 먹으면 다른 병에 쉽게 걸려서 몸이 상했기 때문에 더위를 예방하려고 보름날 아침에 더위팔기 한 죄를 회개합니다. 아침 일찍 친구 집을 찾아가 이름을 불렀을 때 친구가 눈치 채지 못하고 대답하면 바로 더위를 팔았습니다. 친구에게 더위를 팔면 그해에 더위를 먹지 않는다고 믿었습니다. 또 대보름날에는 가축도 더위 먹지 말고 건강히 지내라고 소, 개, 돼지의 목에 왼새끼[3]로 만든 목걸이를 걸어주었습니다. 그리고 동쪽으로 뻗은 복숭아가 양기가 왕성해서 음귀[4]를 쫓

[3] 왼쪽으로 꼰 새끼. 악귀나 재앙을 쫓는 기능이 있다고 믿어 흔히 사용됐다.
[4] 죽은 사람의 영혼.

는 효과가 있다고 믿어서 복숭아 나뭇가지를 목에 걸어주기도 했습니다. 용서해주시옵소서.

하나님, 저와 저희 조상들이 정월 대보름날 아침 식사 전에 소주나 청주를 차게 해서 마시면 귀가 밝아진다는 미신 때문에 귀밝이술 마신 죄를 회개합니다. 그리고 딱딱한 견과를 깨무는 소리에 잡귀가 물러가서 일 년 동안 부스럼이 나지 않고 이가 튼튼해진다는 미신 믿어서 부럼[5]을 깨물어 먹었습니다. 또 귀신이 오지 못하도록 대문에 황토 세 무더기를 쌓아두었고, 악귀가 해를 가하지 못하도록 묘 앞에 자란 소나무 가지를 꺾어서 지붕에 던졌습니다. 용서해주시옵소서.

[5] 딱딱한 과류인 땅콩, 호두, 잣, 밤, 은행 등을 통틀어 이르는 말.

하나님, 저와 저희 조상들이 정월 대보름날에 재 쌓아둔 곳에 모를 심듯이 짚을 꽂아서 풍년을 비는 죄를 지었습니다. 정월 대보름에 마당을 쓸면 복이 나간다는 미신을 믿어 마당을 쓸지 않았고, 빨래하면 벼가 마른다고 해서 빨래를 하지 않았고, 곡식 팔면 복을 던다는 미신을 믿어 곡식도 팔지 않았습니다. 그리고 다른 사람들보다 먼저 보름달을 보면 좋다고 해서 마을 뒷산이나 높은 곳에 먼저 올라가서 달을 보며 소원을 빌었습니다. 또 달맞이하면서 달의 모양을 보고 풍년과 흉년을 점쳤습니다. 용서해주시옵소서.

하나님 아버지, 저와 저희 조상들이 미신을 믿고 잡신 섬기며 액을 물리치고 일 년간 평안하기를 빌었지만, 오히려 악한 귀신들을 불러들여 걱정근심 거리가 쌓이고, 하는 일마다 실패하고, 고통을 당했습니다. 미신잡신 만들어 숭배한 저희의 어리석은 죄를 회개하오니 용서해주시고, 이 모든 어둠에서 벗어나게 해주시옵소서.

미신으로 귀신 쫓아내려 한 죄를 회개합니다

하나님 아버지, 저와 저희 조상들이 액을 떼고 귀신을 쫓기 위해 온갖 미신을 행했습니다. 예로부터 귀신이 붉은색을 싫어한다고 알려져서 팥을 뿌리며 귀신을 쫓아내려 했습니다. 또 뱀을 목에 감으면 귀신을 쫓아낼 수 있다고 해서 뱀을 목에 감기도 했고, 사방으로 활을 쏘며 귀신을 쫓았습니다. 귀신이 달려드는 것을 막으려고 몸에 소금 지니고 다니고, 염주를 사용해서 주문을 외웠습니다.

"…그들이 내(예수) 이름으로 귀신을 쫓아내며…(막 16:17)."

예수 그리스도를 믿는 자들은 예수님의 이름으로 귀신을 쫓아낼 수 있는데, 저와 저희 조상들이 하나님을 알지 못해서 미신을 의지해 귀신을 쫓으려 했습니다. 용서해주시옵소서.

배와 관련된 미신 믿은 죄를 회개합니다

하나님 아버지, 저와 저희 조상들이 바다 가까이 살면서 배와 관련된 여러 가지 미신을 믿었습니다. 여자가 배를 타면 사공을 위험에 빠뜨린다고 믿어서 여자를 배에 태우지 않았고, 반대로 벌거벗은 여자가 배에 타면 행운이 온다고 해서 미친 여자를 배에 태웠습니다. 배에서 아기가 태어나면 행운이 깃든다고 해서 만삭의 여자를 배에 태우기도 했습니다. 용서해주시옵소서.

배에서 '빠진다'란 말을 하거나 '돼지'란 용어를 사용하면 풍랑을 만난다고 해서 말을 가려 했고, 배를 타고 휘파람 불면 불행이 찾아온다고 해서 휘파람을 불지 않았습니다. 또 항해하다가 죽은 선원의 옷을 입으면 배가 난파한다고 해서 절대 입지 않았습니다. 이 외에도 배 안에 있던 쥐들이 떠나면 나쁜 일이 생긴다는 미신 때문에 배 안에 있는 쥐를 보호했고, 배를 타는 동안 손톱이나 머리카락 자르면 지옥신에게 제물을 바치는 것이라고 해서 손톱 깎고 머리카락 잘랐습니다. 저와 저희 조상들이 배와 관련된 온갖 미신을 믿으며 행한 죄를 회개합니다. 용서해주시옵소서.

결혼과 관련된 미신을 믿은 죄를 회개합니다

하나님 아버지, 저와 저희 조상들이 자녀가 결혼할 때마다 승려, 무당, 점쟁이를 찾아가서 사주[6] 본 죄를 회개합니다. 저희 조상들이 신부를 맞이할 때 신부 집에 사주단자[7] 보냈습니다. 저희가 신부 측일 때는 신랑 집에서 보낸 사주단자를 받아서 궁합보고, 길흉을 점치고, 혼례 날짜 잡았습니다. 용서해주시옵소서.

하나님, 저와 저희 조상들이 혼례를 앞두고 신부 집에 함을 보낸 죄를 회개합니다. 혼서지[8], 신부 한복 저고리, 예물 등과 함께 미신적인 의미를 담은 다양한 물건을 넣어 보냈습니다. 자손이 번성하기를 바라는 마음으로 오곡주머니와 고추씨를 넣었고, 잡귀나 부정을 쫓으려고 붉은 팥을 넣었습니다. 부를 누리고 며느리가 될 신부의 심성이 부드러워지라고 콩을 넣었고, 조상을 잘 섬기기를 비는 마음으로 향나무 조각을 넣었습니다. 또 부부해로[9]를 빌며 찹쌀을 넣었고, 함에 신부의 음기를 상징하는 청색 비단과 신랑의 양기를 상징하는 홍색 비단을 넣었습니다. 그리고 함에 예단을 넣어 보낼 때 액운을 쫓기 위해 시아버지 밥그릇에 팥을 넣고, 며느

[6] 태어난 연월일시의 네 간지 또는 이에 근거하여 사람의 길흉화복을 알아보는 점.
[7] 신랑 집에서 신부 집으로 신랑의 사주를 적어서 보내는 종이.
[8] 신랑집에서 신부집으로 납채할 때 보내는 문서.
[9] 부부가 한 평생을 함께 하며 늙음.

리와 찰떡궁합이 되라고 시어머니 밥그릇에 찹쌀을 넣어 보냈습니다. 신랑 친구들이 함을 지고 신부 집에 들어갈 때 잡귀들 물러가라고 바가지 깬 죄도 회개합니다. 용서해주시옵소서.

하나님 아버지, 이 외에도 저와 저희 조상들이 천지신명[10]에게 혼인 서약 하는 죄를 지었습니다. 또 악귀를 쫓기 위해 신부가 연지곤지 찍었고, 자녀를 많이 낳으라고 보자기에 닭을 싸서 상위에 올렸습니다. 폐백 할 때 아들과 딸 많이 낳으라고 신랑 신부에게 대추와 밤을 던졌습니다. 또한 자녀, 재물, 평안, 장수 등을 기원하며 신부 방에 열쇠뭉치 걸어놓았습니다. 그리고 장수하고 아들을 많이 낳으라고 옷장에 박쥐와 호랑이를 새겼고, 수저에 학이나 거북이 모양을 새겼습니다. 원앙처럼 금슬 좋아지라고 침실에 원앙을 두기도 했습니다. 용서해주시옵소서.

[10] 천지조화를 주재하는 온갖 신령.

태몽과 관련된 미신 믿은 죄를 회개합니다

하나님, 저와 저희 조상들이 호랑이 꿈을 꾸면 아들 낳는다는 미신 믿었습니다. 용꿈을 꾸면 권세와 명예를 타고나는 아들이 태어나고, 뱀 꿈을 꾸면 지혜가 뛰어난 아들이 태어난다고 믿었습니다. 꿈에 식물이 나와도 명예와 풍요를 누릴 자녀가 태어난다고 믿었습니다. 또 큰 구렁이나 황소가 꿈에 나타나면 아들이라고 믿었고, 실뱀이나 순한 소가 나타나면 딸이라고 생각했습니다. 선녀나 꽃, 비녀 등 여성스러운 상징물이 꿈에 나오면 딸이 태어난다고 믿었습니다. 용서해주시옵소서.

태중의 아이와 관련된 미신 믿고 잡신 섬긴 죄를 회개합니다

하나님, 저와 저희 조상들이 삼신할머니가 자녀를 점지한다고 믿었습니다. 그래서 쌀 한 그릇과 정화수 떠놓고 삼신할머니에게 딸이나 며느리의 잉태를 위해 빌었습니다. 용서해주시옵소서.

　　산모와 태중의 아이가 건강하게 태어나기를 바라는 마음에서 온갖 미신을 만들어 지킨 죄를 회개합니다. 임신 중에 개고기 먹으면 아이가 농아[11]가 된다는 미신을 믿었고, 임신 중에 초상집에 가면 귀신 붙는다고 해서 가지 않았습니다. 임신 중에 오리 알 먹으면 아이가 거꾸로 나온다는 미신, 참새고기를 먹으면 음란한 아이가 태어난다는 미신, 자라고기 먹으면 아이 목이 짧아진다는 미신 믿고 지켰습니다. 이 외에도 임신 중에 비늘 없는 고기 먹으면 난산한다는 미신, 오징어나 낙지 등 뼈 없는 생선을 먹으면 뼈 없는 아이 태어난다는 미신, 토끼고기 먹으면 아이가 언청이[12]가 된다거나 눈이 빨갛게 된다는 미신을 믿어 철저하게 지키는 죄를 지었습니다. 용서해주시옵소서.

[11] 청각장애로 언어에 장애가 생긴 아이.
[12] 입술갈림증이 있어서 윗입술이 세로로 찢어진 사람을 낮잡아 이르는 말.

돌과 관련된 미신을 믿은 죄를 회개합니다

하나님 아버지, 저와 저희 조상들이 돌잔치 할 때 원형상을 사용해야 아이가 모나지 않고 원만하게 잘 큰다는 미신을 믿어 원형 식탁에 돌상을 차렸습니다. 악귀 물리치려고 돌상에 붉은 천을 깔았고, 건강을 선물 받으려고 돌상에 백설기 올렸습니다. 또 속이 꽉 찬 사람이 되라고 송편 올리고, 잡귀 물리치려고 수수팥떡 올렸습니다. 용서해주시옵소서.

하나님, 저와 저희 조상들이 돌잡이 하며 아이의 미래를 점친 죄를 회개합니다. 돈, 실, 백미, 국수, 대추, 책, 연필, 청진기 등을 올려놓고 아이에게 물건을 잡게 했습니다. 아이가 자신이 원하는 물건을 잡기를 빌면서 돌잡이 했습니다. 용서해주시옵소서. 또 아이 백일에 백일 떡을 먹는 사람이 많을수록 아이의 명이 길어지고 복을 받는다는 미신을 믿어 떡 돌린 죄도 회개합니다. 용서해주시옵소서.

하나님 아버지, 저와 저희 조상들이 잘 먹고 건강하게 잘 살려고 온갖 미신을 믿고 잡신을 섬겼지만, 실상은 우상 숭배해서 하나님의 복을 받지 못하고, 악한 영들의 공격을 받아 어려운 일을 많이 당했습니다. 미신을 지키고 잡신을 섬겨서 저와 저희 가정 그리고 후손들의 앞길에 장애물이 가득합니다. 이 시간에 진심으로 회개하오니 저희의 어리석음을 긍휼히 여겨주시고, 저희의 죄를 용서하셔서 이 더럽고 악한 영들의 지배에서 완전히 벗어나게 해주시옵소서.

질병과 관련된 미신 믿은 죄를 회개합니다

하나님 아버지, 저와 저희 조상들이 의료 기술이 발달하지 않았던 시절에 많은 질병에 걸렸습니다. 말라리아 발병 원인을 몰랐던 저희 조상들이 땅바닥에 사람을 그리고 복부에 칼을 꽂아 두면 말라리아가 퇴치되는 줄 알았습니다. 또 아버지 발바닥에 이름을 쓰면 말라리아가 퇴치된다는 미신을 믿어서 아들은 아버지의 왼쪽 발바닥에, 딸은 오른쪽 발바닥에 자기 이름을 쓰며 말라리아를 예방하려 했습니다. 용서해주시옵소서.

장티푸스에 걸리면 발열, 설사, 창자 출혈, 발진 등의 증상을 보이다가 심하면 생명을 잃기도 했습니다. 그래서 저와 저희 조상들이 장티푸스를 예방하거나 치료하기 위해서 소머리와 마늘을 문 앞에 걸어두었습니다. 또 저희 조상들이 콜레라처럼 사망률이 매우 높은 전염병을 막기 위해서는 처마 밑에 고추를 걸어두기도 했습니다.

아이의 옷이나 모자를 나뭇가지에 걸어두면 홍역이 낫는다는 미신, 방 앞에 맥주병 걸어두면 황달이 낫는다는 미신 믿었습니다. 눈병이 나으려면 사람의 눈을 그리고 그 위에 못을 박아 눈에 들어간 악귀를 뽑아내야 한다고 믿었고, 설사하면 밥상 위에 젓가락을 십자로 올려놓고 물을 부었다가 그 물을 마시면 낫는다고 믿었습니다. 저와 저희 조상들이 질병의 원인을 제대로 파악하지 못하던 시절, 민간에 내려오는 미신을 질병의 치료책으로 사용한 죄를 회개합니다. 용서해주시옵소서.

세시 음식 먹으며 기도한 죄를 회개합니다

[13] 해마다 일정한 시기에 되풀이하여 행해온 고유의 풍속.

하나님 아버지, 저희 조상들이 과거에 농경 국가에 살면서 예로부터 자연의 이치를 깨닫고 자연과 동화되어 세시풍속[13]의 지혜를 일상에 풀어낸다는 세시 음식을 발달시켰습니다. 계절의 변화를 기준으로 절기마다 각 지역에서 구하기 쉬운 제철 농산물로 떡을 빚어 조상의 은혜에 감사하거나 풍요로움을 기원한 죄를 회개합니다. 용서해주시옵소서.

[14] 강원도 산간지방에서 나는 수리취로 만든 절편.
[15] 새로 난 곡식을 신에게 드리기 가장 좋다는 음력 10월.
[16] 쑥을 찹쌀가루에 섞어 떡을 만든 다음, 볶은 콩가루를 꿀에 섞어 바른 음식.

하나님, 저와 저희 조상들이 삼짇날에 진달래화전, 쑥떡 부쳐 먹으며 삼신에게 우환을 없애 달라고 빌었습니다. 봄이 오는 길목에서 맞이하는 4대 명절 중 하나인 한식날에 병에 걸리지 않으려고 쑥떡을 먹었습니다. 단오에는 가족의 안녕과 곡식이 잘 자라길 기원하며 취절편[14]과 쑥절편, 인절미, 모시잎송편을 만들어 먹었습니다. 유둣날에 떡수단, 보리수단, 장미꽃전, 상화병 해 먹으며 풍년을 기원하고, 칠석에 깨찰떡, 주악, 밀전병 먹으며 벼 수확한 것을 감사하고, 한가위에 송편, 개떡, 조떡을 빚으며 햅쌀로 조상에게 감사드렸습니다. 중양절에 국화전, 감국전, 주악, 밤단자, 감떡 만들어 조상신에게 제사 지냈고, 상달[15]에 풍파를 없애주고 건강하게 해달라고 시루떡, 애단자[16], 밀단자를 빚어 먹었고, 섣달그믐에 은시루

떡과 골무떡[17]을 해 먹으면서 천신의 은덕에 감사하고 새해 액막이했습니다. 용서해주시옵소서.

[17] 멥쌀가루로 만든 작은 절편.

남녀와 관련된 미신 믿은 죄를 회개합니다

하나님 아버지, 저와 저희 조상들이 새벽에 여자가 집에 찾아오면 그날 재수가 없다는 미신을 믿었습니다. 정월에 여자가 집에 와서 울거나 울타리에 속옷을 널면 재수가 없어진다고 믿었습니다. 아내가 문지방에 앉으면 남편이 재수가 없어진다고 믿었고, 여자가 남의 집 베게에 앉으면 옴[18] 오른다는 미신도 믿었습니다. 용서해주시옵소서.

[18] 옴진드기가 기생하여 일으키는 피부병.

여자가 참외밭에 들어가면 참외가 곤다는 미신, 여자가 한숨을 쉬면 집안이 망할 징조라는 미신, 여자를 암탉에 비유해서 암탉이 울면 집안이 망한다는 미신을 믿었습니다. 산모가 해산하고 9일이 지나기 전에 거울을 보면 해롭다는 미신, 여자가 밤에 세수하면 곰보 신랑을 만난다는 미신 믿었습니다. 그리고 처녀가 갓 결혼한 부부의 발자국을 따라가면 곧 결혼하게 된다는 미신을 믿었고, 아내는 북어처럼 삼일 간격으로 매를 들어야 정신을 차린다고 생각해 아내를 폭행한 죄를 회개합니다.

저희 조상들이 남자가 바가지에 밥을 먹으면 가난하게 되고, 남자가 누룽지 먹거나 빨랫줄을 메면 재수가 없다는 미신 믿었습니다. 남자가 부엌에 들어가면 고환 떨어진다고 해서 절대 부엌에 들어가지 않았습니다. 이처럼 과거에는 남존여비 사상이 강해서 여성의 적극적인 행동을 제약하거나 남성의 위신을 추락시키는 행동을 피하게 하려는 미신이 많았습니다. 저희 조상들이 말도 안 되는 미신을 만들어서 오랜 세월 동안 여성을 억압한 죄를 용서해주시옵소서.

묘와 관련된 미신 믿은 죄를 회개합니다

하나님 아버지, 저와 저희 조상들이 묘를 잘못 쓰면 후손이 망한다는 미신을 믿었습니다. 명당에 묘를 쓰기 위해 풍수지리에 밝은 사람에게 좋은 터를 찾아 달라고 시간과 물질을 바쳤습니다. 조상의 유골이 좋은 기를 받으면 후손이 잘되지만 나쁜 기를 받으면 후손이 망하는 줄 알았습니다. 집안에 나쁜 일이 자주 발생하면 묘를 잘못 써서 그런 줄 알고, 더 좋은 묘터를 찾아 이장하는 죄를 지었습니다. 묘 주변에 다른 사람이 묘를 쓰면 지기가 분산된다는 미신을 믿어 집안끼리 서로 다투기도 했습니다. 또 묘는 나중에 차지한 사람이 임자라는 몰상식한 태도로 성공한 다른 사람의 무덤을 파고 몰래 저희 조상의 뼈를 묻는 죄도 지었습니다. 회개합니다. 용서해주시옵소서.

부적 사서 쓴 죄를 회개합니다

하나님 아버지, 저와 저희 조상들이 승려, 무당, 점쟁이가 그린 부적을 사서 간직하면 질병이 낫고 악귀가 떠난다는 미신을 믿어 부적을 사들이는 죄를 지었습니다. 부적을 사서 이부자리에 넣어 덮고 잤고, 베게에 넣어 베고 잤고, 책가방에 넣어 다녔고, 심지어는 옷에 기워서 입고 다녔습니다. 오직 하나님의 성령을 힘입어 귀신을 쫓아낼 수 있는데(마 12:28), 저와 저희 조상들이 부적을 간직하고 있으면 악귀가 쫓겨난다고 믿었습니다. 이렇게 저희가 부적을 써서 집안에 우환이 든 것을 해결하려 하고, 사람이 아플 때 치료책으로 사용한 죄를 회개합니다. 현대사회에 들어서는 사업이 힘들 때, 승진해야 할 때, 취직해야 할 때, 부동산 매매해야 할 때 등 중요한 순간에 부적의 효능을 믿고 부적 쓴 죄를 회개합니다. 용서해주시옵소서.

복조리의 효능을 믿은 죄를 회개합니다

하나님 아버지, 저와 저희 조상들이 대나무를 가늘게 쪼개서 엮어 만든 조리를, 음력 정월 초하룻날 새벽에 부엌이나 안방, 마루 등 벽에 걸어두면 복을 불러들인다는 미신을 믿었습니다.

"네가 네 하나님 여호와의 말씀을 삼가 듣고 내가 오늘 네게 명령하는 그의 모든 명령을 지켜 행하면, 성읍에서도 복을 받고 들에서도 복을 받을 것이며, 네 몸의 자녀와 네 토지의 소산과 네 짐승의 새끼와 소와 양의 새끼가 복을 받을 것이며, 네 광주리와 떡 반죽 그릇이 복을 받을 것이며, 네가 들어와도 복을 받고 나가도 복을 받을 것이니라(신 28:2-6)."

복을 주시는 분은 하나님이신데, 저와 저희 조상들이 복조리를 달아놓고 복을 받으려 한 죄를 용서해주시옵소서. 복조리 달아서 복을 받은 게 아니라 잘못된 믿음으로 오히려 악한 영들을 불러들여서 하는 일마다 손해를 보고, 복을 빼앗겼습니다. 저희를 긍휼히 여겨주시옵소서.

금줄 치고 남근상 숭배한 죄를 회개합니다

하나님 아버지, 저와 저희 조상들이 조상 대대로 신성한 곳이나 외부출입을 금해야 할 때 금줄을 쳤습니다. 청결을 의미하는 숯과 소독을 의미하는 고추 등을 같이 엮어 새끼를 만든 금줄이 부정한 것의 침범이나 접근을 막는다고 믿었습니다. 저희 조상들이 아이를 낳았을 때, 장 담글 때, 잡병을 쫓고자 할 때 또는 신성한 영역을 나타내고자 할 때 대문이나 길 어귀에 금줄을 걸었습니다. 저희 조상들이 금줄을 매면 그 장소가 보호된다는 미신 믿은 죄를 회개합니다. 용서해주시옵소서.

하나님, 저와 저희 조상들이 마을 입구에 돌을 깎아 만든 남근상을 세워두고 아들을 낳게 해달라고 빌었습니다. 남근상에 금줄을 치고 손으로 남근상을 문질렀습니다. 이때 손에 묻은 돌가루를 마시면 아들을 낳는다는 미신을 믿었습니다. 태의 문을 열거나 닫으시고, 태아의 성별을 정하시는 분은 하나님이신데, 저희 조상들이 어떻게든 사내아이를 얻고자 남근상을 만들어 세워놓고 소원 빈 죄를 회개합니다. 용서해주시옵소서.

고사 지내고 고수레 한 죄를 회개합니다

하나님 아버지, 저와 저희 조상들이 일이 잘 풀리고, 악귀가 달려들지 말라고 고사[19] 지냈습니다. 그래서 집을 짓기 전이나 혼례를 치르기 전에 고사 지내며 빌었습니다. 또 농사가 시작되기 전에 풍년을 빌며 고사 지냈습니다. 건물 짓기 전에, 새로 사업을 하기 전에 고사 지냈고, 심지어는 영화나 드라마 찍기 전에 잘되라고 고사 지냈습니다. 저희 조상들이 무슨 일을 시작하기 전에 대부분 고사 지낸 죄를 회개합니다. 용서해주시옵소서.

[19] 액운은 없어지고 행운이 오도록 집안에서 섬기는 신에게 음식을 차려놓고 비는 제사.

하나님, 저와 저희 조상들이 고수레[20]하는 죄를 지었습니다. 산이나 들에서 음식을 먹을 때 먼저 귀신에게 음식을 바치면서 나쁜 일이 생기지 않도록 빌고, 귀신에게 도와달라고 빌었습니다. 무당이 굿할 때도 귀신에게 먼저 음식을 바치면서 정확한 정보를 알려달라고 고수레했습니다. 어느 순간부터 저희 조상들이 들이나 산에 음식을 뿌리며 고수레하면 복이 굴러온다는 미신을 믿었습니다. 그래서 묘사 지낼 때 산에 도착해서 산신령에게 고수레했습니다. 저와 저희 조상들이 습관처럼 여기저기서 고수레하는 죄를 지었습니다. 이렇게 저희가 모든 일을 할 때마다 잘되려고 미신을 의지했고, 오늘날에도 여전히 많은 미신을 믿고 따르고 있습니다. 저희가

[20] 산과 들에서 음식을 먹을 때나 무당이 굿을 할 때, 음식을 조금 떼어 귀신에게 먼저 바치는 행위.

매사에 하나님을 의지해야 하는데, 미신을 의지하고 산 죄를 회개합니다. 용서해주시옵소서.

마을 수호신을 믿고 따른 죄를 회개합니다

하나님 아버지, 저와 저희 조상들이 장승이 마을의 액을 막아준다고 믿어서 마을 입구에 장승을 세워두었습니다. 저희 조상들이 마을에 들어가고 나갈 때마다 장승에게 합장하고 절하는 죄를 지었습니다. 또 마을의 액을 막아달라고 정성을 다해 장승에게 빈 죄를 회개합니다. 장승에게 많이 빌수록 가정과 마을의 액을 막아준다고 믿어서 시도 때도 없이 빌었습니다. 심지어 마을에 처음 온 신분이 확실하지 않은 손님은 장승 밖에서 하룻밤을 지낸 후에 마을에 들어오게 했습니다. 저희 조상들이 솟대를 만들어 장대나 돌기둥 위에 앉혀 마을 수호신으로 믿고 따르기도 했습니다. 사람이 나무와 돌로 만든 형상을 신격화하여 미신으로 섬긴 악한 죄를 회개합니다. 용서해주시옵소서.

명리학 믿은 죄를 회개합니다

하나님 아버지, 저와 저희 조상들이 사람이 태어난 년, 월, 일, 시의 사주팔자에 따라서 한 사람의 인생이 결정되는 줄 알았습니다. 하나님께서 "야곱아 너를 창조하신 여호와께서 지금 말씀하시느니라 이스라엘아 너를 지으신 이가 말씀하시느니라 너는 두려워하지 말라 내가 너를 구속하였고 내가 너를 지명하여 불렀나니 너는 내 것이라(사 43:1)"고 말씀하셨습니다. 저와 저희 조상들의 인생은 하나님의 것입니다. 하나님께서 저희를 향한 놀라운 계획을 가지고 계신데, 저희는 태어나 탯줄을 자르는 순간 천체에 떠 있는 별 중 어느 별의 영향을 가장 많이 받았는가를 따지며 운명

[21] 음양오행 사상은 음(陰)과 양(陽)의 소멸·성장·변화, 그리고 음양에서 파생된 오행 즉, 수·화·목·금·토의 움직임으로 우주와 인간생활의 모든 현상과 생성소멸을 해석한다.

을 점쳤습니다. 저희가 사주팔자에 나타난 음양오행[21]의 배합을 보고 길흉화복, 결혼, 성공, 재물 등을 알아보고자 한 죄를 지었습니다. 역술인을 찾아가서 사주팔자뿐만 아니라 관상, 궁합, 토정비결을 보기도 했습니다. 저희 조상들이 하나님을 알지 못해 이런 방법들을 통해서 나아갈 방향을 결정했습니다.

"무릇 하나님의 영으로 인도함을 받는 사람은 곧 하나님의 아들이라(롬 8:14)."

저와 저희 가정이 하나님을 믿으면서도 성령의 인도를 받기보다 저희 조상들처럼 알게 모르게 미신 믿고 잡신 의지한 죄를 진심으로 회개합니다. 용서해주시옵소서.

십이지신 믿고 섬긴 죄를 회개합니다

[22] 신선사상을 기반으로 자연 발생하여, 거기에 노장사상·유교·불교 그리고 통속적인 여러 신앙 요소들을 받아들여 형성된 종교.

하나님 아버지, 저와 저희 조상들이 도교[22]의 방위신앙에 강한 영향을 받았습니다. 도교에서 12가지 동물을 십이 신장 또는 십이 신왕이라 부르며 땅을 지키는 신장으로 형상화한 것을 받아들이고 믿는 죄를 지었습니다. 쥐, 소, 호랑이, 토끼, 용, 뱀, 말, 양, 원숭이, 닭, 개, 돼지 등을 시간과 방위를 맡은 신장으로 삼고, 이들의 외형, 성격, 습성에 나타난 생태적 특징을 사람의 성격과 운명과 결부시켜 궁합보고 점치는 죄를 지었습니다.

"하나님이 미리 아신 자들을 또한 그 아들의 형상을 본받게 하기 위하여 미리 정하셨나니(롬 8:29)."

저희가 하나님의 형상을 따라 창조되었고 또 하나님의 형상을 본받아 가야 하는 귀한 존재인데, 이런 저희를 동물의 성격과 습성에 결부시킨 죄를 회개합니다. 용서해주시옵소서.

하나님 아버지, 저희 조상들이 전통사회에서 한 사람으로 태어나 성장하는 과정에서 생활의 주된 무대가 된 집과 마을에서 온갖 잡신을 섬긴 죄를 이 시간에 회개합니다.

칠성신·삼신 섬긴 죄를 회개합니다

하나님 아버지, 저와 저희 조상들이 생활 속에 깊이 뿌리내려 의식하지 못할 만큼 칠성신을 섬겼습니다.

"두 큰 광명체를 만드사 큰 광명체로 낮을 주관하게 하시고 작은 광명체로 밤을 주관하게 하시며 또 별들을 만드시고(창 1:16)."

별을 만드신 분은 하나님이십니다. 하지만 저희 조상들은 하나님이 만드신 피조물일 뿐인 별을 칠성신으로 삼아 하나님의 자리에 두고 숭배했습니다. 칠성신이 저희 삶의 길흉화복과 수명을 주관한다고 믿었습니다. 저희 조상들이 칠성신에게 무병장수와 소원성취를 빌고, 아이의 수명을 길게 해달라고 정성을 다해 빈 죄를 회개합니다. 용서해주시옵소서.

하나님, 저와 저희 조상들이 삼신 섬긴 죄를 회개합니다. 전통사회에서 대를 잇기 위해 아들을 낳으려고 애를 썼습니다. 예로부터 삼신이 옥황상제[23]의 명을 받아 아이를 갖게 한다고 믿었기 때문에 특별히 삼신을 섬겼습

[23] 중국의 민간 도교에서 받드는 최고신의 명칭이며 우리나라에서는 무당들에 의하여 받아들여진 신격이다

니다. 저와 저희 조상들이 아이가 태어나면 삼신상을 차려 산모와 아이의 건강을 빌었습니다. 또 아이가 성장하는 과정에서도 질병에 걸리지 않고 건강하게 자라게 해달라고 삼신에게 빌었습니다. 용서해주시옵소서.

성주신·업신 섬긴 죄를 회개합니다

하나님 아버지, 저와 저희 조상들이 하늘에서 내려와 가정을 지켜준다는 성주신을 하나님의 자리에 두고 우상숭배 했습니다.

"여호와께서 너를 지켜 모든 환난을 면하게 하시며 또 네 영혼을 지키시리로다, 여호와께서 너의 출입을 지금부터 영원까지 지키시리로다(시 121:7-8)."

하나님께서 저와 저희 가정을 지켜주시고 저희가 환란을 피하도록 인도해주시는데, 성주신이 그 일을 주관한다고 믿고 섬긴 죄를 회개합니다. 새집을 짓거나 새로운 가장이 세워지면 성주신도 함께 탄생한다고 믿었습니다. 그래서 성주신 받기 위해 성줏대를 만들어 백미 위에 세워놓고 넘어지지 않도록 나무를 받쳐놓았습니다. 이렇게 받은 귀신을 집안에 두고 정기적으로 무당을 불러 재수굿, 안택굿하며 섬긴 죄를 용서해주시옵소서.

하나님, 저와 저희 조상들이 지붕 위의 용마름 밑이나 집안의 광 또는 곳간에 살면서 재물을 주관한다는 업신을 섬긴 죄를 회개합니다.

"네 하나님 여호와를 기억하라 그가 네게 재물 얻을 능력을 주셨음이라 이같이 하심은 네 조상들에게 맹세하신 언약을 오늘과 같이 이루려 하심이니라(신 8:18)."

재물 얻을 능력은 하나님께서 주시는데, 저와 저희 조상들이 업신이 재물을 가져다준다고 믿었습니다. 업신이 집 구렁이나 두꺼비로 현현한다고 믿었기 때문에 매월 그믐날 저녁에 흰 죽을 쑤어 업신이 있는 장소에 놓고 섬겼습니다. 또 업신이 먹다 남긴 죽을 먹으면 능력을 얻는다고 해서 구렁이가 먹고 남긴 죽을 버리지 않고 먹었습니다. 저희가 하나님을 믿지 않고 하나님이 만드신 피조물을 신으로 삼아 재물의 복을 달라고 섬긴 죄를 진심으로 회개합니다. 용서해주시옵소서.

하나님 아버지, 이처럼 저와 저희 조상들이 오랜 세월 온갖 미신과 잡신을 너무 많이 믿고 섬겨서 가난하게 살았습니다. 열심히 농사를 지었지만, 병충해나 자연재해로 수고한 만큼 수확하지 못했습니다. 오늘날도 마찬가지입니다. 저와 저희 가정의 식구들이 학교에서, 직장에서, 사업장에서 열심히 하는 만큼 열매를 맺지 못하고, 수확하지 못해서 손해보고 빼앗길 때가 많습니다. 이것이 다 미신잡신 섬겼을 때 불러들인 영들이 역사해서 그런 것을 알지 못했습니다. 이 시간에 저와 저희 조상들의 죄를 회개하오니 이 악한 영들을 완전히 제거해 주시고, 저희 손으로 하는 모든 일에 열매가 있게 해주시옵소서.

조왕신·문전신·측간신 섬긴 죄를 회개합니다

하나님 아버지, 저와 저희 조상들이 조왕신이 부엌을 관장한다고 믿었습니다. 화신인 조왕신이 부뚜막에 있다고 믿어서 부뚜막에 앉지 않았고 발도 디디지 않았습니다. 부뚜막에 있는 조왕신을 위해서 매일 아침 일찍 일어나 샘에서 깨끗한 물을 길어 그릇에 담아 올렸습니다. 저희가 날마다 조왕신에게 집안의 안녕을 빌고, 명절 때나 마을에서 굿할 때 조왕상을 차려서 섬긴 죄를 회개합니다. 용서해주시옵소서.

하나님, 저와 저희 조상들이 모든 문에 문전신이 있다고 믿었습니다. 문에 있는 문전신이 대문으로 드나드는 잡귀나 부정을 막아주고 복을 가져다준다고 믿어서 집안 고사를 지낼 때 떡을 떼어 대문 난간에 놓아두며 섬겼습니다.

하나님, 저와 저희 조상들이 측간신이 화장실에 있다고 믿었습니다. 전기가 들어오지 않던 시절에 밤에 화장실을 갔다가 똥통에 빠지면, 측간신을 제대로 안 섬겨서 이런 일이 생긴 것이라고 믿었습니다. 그래서 고사를 지내면서 똥통에 빠지지 않게 빌었고, 빠졌으면 똥독이 오르지 않게 해달라고 떡을 쪄서 고사 지낸 죄를 회개합니다. 용서해주시옵소서.

절기와 계절마다 미신잡신 믿고 행한 죄를 회개합니다

하나님 아버지, 저와 저희 조상들이 입춘이 되면 '입춘축', '입춘대길', '건양다경'이라는 문구를 대문이나 문설주에 붙이고 복을 빌었습니다. 강남 갔던 제비가 돌아오고 뱀이 동면에서 깨어나기 시작하는 날이라 이날 장을 담그면 맛이 좋다고 해서 장 담그고, 집안을 수리하고, 풍년을 기원하며 농경제를 지냈습니다.

칠석날에는 여자들이 밀전병과 햇과일을 차려놓고 길쌈을 더 잘하도록 직녀성에게 빌었습니다. 이날 여인들이 장독대에 정화수 떠놓고 가족의 무병장수와 집안의 평안을 기원했습니다. 또 이날에 승려를 찾아가거나 단골무당을 찾아가 칠석맞이 공량을 드리거나 굿하는 죄를 지었습니다. 용서해주시옵소서.

하나님, 저와 저희 조상들이 상달(음력 10월)에 일 년 농사를 마무리하며 조상, 조왕, 성주, 터주와 같은 가신에게 제사 지낸 죄를 회개합니다. 상달에 금줄치고 황토를 깔면 집 안으로 부정한 것이 들어오지 못한다는 미신 믿은 죄도 회개합니다.

또 일 년의 마지막 날인 제석, 제야 또는 섣달 그믐날 밤에 한 해를 마감하고 새해를 산뜻하게 맞이하려고 궁궐에서 연종제 지낸 죄를 나라를 대신해서 회개합니다. 탈을 만들어 쓰고 북을 치며 마을을 돌거나 총을 쏘면 잡귀들이 도망간다고 믿었습니다. 용서해주시옵소서.

하나님, 저와 저희 조상들이 윤달에 하는 일은 귀신도 모른다고 해서 윤달에 혼인하고, 장을 담그고, 이사하고, 이장하고, 수의를 만드는 죄를 지었습니다. 또 윤달에 불탑에 돈을 놓고 불공드리면 극락세계에 갈 수 있다는 미신을 믿어 행한 죄를 진심으로 회개합니다. 용서해주시옵소서.

살면서 수많은 미신잡신 섬긴 죄를 회개합니다

하나님 아버지, 저와 저희 조상들이 생활 속에서 온갖 미신을 믿고 잡신을 섬겼습니다. 저희가 성황당 고목에 돌 던지고 침 뱉으면서 병에 걸리지 않으려고 했고, 씨름할 때 부정 타지 않으려고 씨름판에 소금 뿌렸습니다. 간장이나 된장 담글 때 장맛 좋아지라고 장독 밑에 황토 깔고 장독에 금줄 쳤습니다. 길 가다가 머리빗 주우면 재수 없다고 생각했고, 밤에 머리 빗으면 근심거리가 생긴다는 미신 때문에 밤에는 헝클어진 머리를 빗지 않았습니다. 용서해주시옵소서.

하나님, 저와 저희 조상들이 다리 떠는 자녀들에게 복 나간다고 혼냈고, 빨간색으로 이름 쓰면 부정 탄다고 혼냈습니다. 시험에 떨어진다고 해서 미역국 먹지 않았고, 시험에 붙으려고 찰떡이나 엿을 나눠 먹었습니다. 생일날 소원을 빌며 생일 케이크 촛불을 한 번에 다 껐고, 행운을 발견하고 싶어서 네 잎 클로버 찾아다니기도 했습니다. 저와 저희 조상들이 복을 주시는 하나님을 외면하고, 어떻게 해서든 나쁜 일을 피하고 복을 받으려고 온갖 미신을 만들어 섬기고 따른 죄를 회개합니다. 용서해주시옵소서.

하나님 아버지, 저와 저희 조상들이 미신 믿고 잡신에게 빌면 자녀가 잘되고, 건강하고, 복 받을 줄을 알고 이렇게 악한 죄를 저질렀습니다. 그러나 저희가 미신잡신 섬긴 것을 근거로 저희 가정에 들어온 악한 영들 때문에 삶에 닥친 문제들을 해결하지 못하고, 앞으로 나아가지 못했습니다. 학교 성적, 가정의 행복, 직장과 사업, 인간관계 등 삶의 모든 면에서 악한 영들의 지배를 받아 눌리고 풀리지 않는 막막한 삶을 살았습니다.

하나님, 저와 저희 조상들이 헛된 미신과 잡신을 섬겨서 쉽게 미혹되고 허황된 말에 현혹되어 인생을 낭비했습니다. 저희들의 삶에서 진리가 제대로 서지 못하여 하나님의 말씀을 들어도 흔들리고 생각이 혼란스러웠습니다. 영적 어두움 가운데 살고 있는 것도 깨닫지 못하고 원칙과 질서가 결여된 채 우왕좌왕하며 하나님께 순종하지 못했습니다.

하나님, 저와 저희 조상들이 미신을 의지하던 영향으로 늘 마음이 불안하고 때로는 공연한 두려움이 엄습하여 마음의 평안이 없었습니다. 헛된 것으로 저희 마음을 채워 잠시 걱정과 불안을 잠재웠지만 금세 다시 부정적인 생각이 들었습니다. 오직 하나님을 의지하고, 하나님과 동행하며 친밀하게 교제해야 참된 평안과 안정을 누릴 수 있음을 고백합니다. 저와 저희 조상들이 수천 년간 미신을 믿고 잡신 섬긴 죄를 마음을 다해 회개하오니 하나님께서 긍휼히 여기시고 용서해주시옵소서. 하나님과의 관계가 완전히 회복되게 하시고, 저희의 삶도 회복시켜 주시옵소서.

예수 그리스도의 이름으로 기도합니다. 아멘.

더 깊은 회개로
나아가기

TO A DEEPER LEVEL
OF REPENTANCE

&

더 깊은 회개로 나아가기

나로부터 4대까지

우상숭배의 죄가 아버지로부터 자손 삼사 대까지 내려간다는 하나님의 말씀에 기초해 특별히 나로부터 4대 조상까지 집중적으로 회개하는 것을 추천한다. 1대부터 4대까지 회개하는데 50%의 비중을 두고 5대 이상을 회개하는데 50%의 비중을 두면 된다. 하루에 1시간 회개하기로 작정했다면 1대부터 4대까지를 30분 회개하고 나머지 대를 30분 정도 회개하면 된다.

세	한글	한문	비고	관직	나
1	정덕성	丁德盛		대승상(중국), 대양군(통일신라)	44
2	정응도	丁應道	차남	금성군	43
3	정필진	丁必珍		의창군	42
4	정병쇄	丁丙灑		대상	41
5	정언주	丁彦柱		시중	40
6	정광현	丁光顯		대상	39
7	정 우	丁 祐		이부전서	38
8	정지백	丁之伯		검교대장군	37
9	정신난	丁愼煖		평장사	36
10	정윤하	丁潤夏		공조전서	35
11	정남만	丁楠滿		무안군	34
12	정성휘	丁聖徽		금양부원군	33
13	정 열	丁 悅		충효공	32

예) 필자의 직계 조상 표

14	정 변	丁 弁		문화시중	31
15	정 경	丁 瓊		태학사	30
16	정윤화	丁允樺		문화시중	29
17	정혁황	丁奕煌		문화시중	28
18	정언진	丁彦眞		평장사	27
19	정 복	丁 復	차남	추밀원부사	26
20	정 간	丁 侃		영동정	25
21	정 전	丁 悛		전법판서	24
22	정천간	丁千幹		전서	23
23	정 빈	丁 贇		판도판서	22
24	정영손	丁令孫		좌찬성(고려→조선)	21
25	정숙위	丁淑威			20
26	정순지	丁順之			19
27	정계린	丁繼麟			18
28	정치상	丁致祥		참봉공	17
29	정 석	丁 碩	사남		16
30	정세우	丁世佑	삼남		15
31	정부홍	丁富弘	차남		14
32	정여학	丁汝鶴			13
33	정경지	丁景智			12
34	정후식	丁後軾			11
35	정시좌	丁時佐			10
36	정만주	丁萬柱	차남		9
37	정두수	丁斗壽			8
38	정도광	丁道光			7
39	정원항	丁元恒			6
40	정이현	丁以賢			5
41	정설교	丁卨敎			4
42	정대철	丁大喆			3
43	정장섭	丁長燮			2
44	정규태	丁奎泰	차남		1
45	정동진	丁東鎭			

1. 십계명

십계명을 범한 죄를 회개한 후에 기도 시간의 10%를 다음과 같이 선포하는데 사용하면 악한 영들을 물리치는데 더욱 효과적이다.

내 죄를 회개한 경우

"나는 십계명을 어긴 죄를 진심으로 회개했다. 주님께서 내 기도를 들으시고 나를 용서해 주셨다. 더 이상 나에게 역사할 권한이 너희에게 없음을 선포하노라. 예수 이름으로 명하노니 이 더럽고 악한 영들아 내게서 지금 즉시 떠나갈 지어다!"

조상들의 죄를 회개한 경우

"나의 친가 외가 ( )대에 역사했던 악한 영들아! 나는 우리 조상 ( )대가 범한 십계명의 죄를 회개했다. 주님께서 내 기도를 들으시고 용서해 주셨다. 나는 이제 너희와 아무런 상관이 없다. 나는 하나님의 자녀다. 너희는 더 이상 내게 역사할 힘이 없다. 예수 이름의 권세로 명하노니 나와 우리 가정에서 완전히 떠나갈 지어다!"
* 동일한 방법으로 2대에서 7대까지 계속 회개하고 선포한다.

2. 제사

십계명과 마찬가지로 기도시간의 10%를 선포하는데 사용한다.

"나와 우리 가문에 역사하는 더럽고 악한 제사의 영들아! 나는 나와 우리 조상의 죄를 하나님 앞에서 진심으로 회개했다. 주님께서 내 기도를 들으시고 용서해 주셨다. 너희는 더 이상 내 안에서 나를 주장할 수 없다. 더 이상 우리 가정위에 머물 수 없다 이 더러운 것들아! 예수 이름의 권세로 명하노니 나와 내 앞길과 우리 가정에서 완전히 떠나갈 지어다. 다시는 돌아오지 말 지어다. 나는 너희를 섬기지 않을 것이다! 나는 하나님 밖에 없다. 나는 하나님만 섬길 것이다. 나는 더 이상 너희와 아무런 상관이 없음을 예수님의 이름으로 선포하노라!"
* 동일한 방법으로 부처, 무당, 미신잡신을 계속 회개하고 선포한다.

필자는 진심으로 깊이 회개하고 위와 같은 방법으로 선포했을 때 우상숭배로 인해 나와 우리 가정과 가문에 역사했던 영들이 조금씩 떠나가는 것을 보았다. 단순히 몇 번 기도한다고 지난 몇 백년간 쌓인 우상숭배의 죄가 다 떠나가지 않는다. 한 번 기도를 할 때마다 영들이 조금씩 풀어지고 분해가 되어 떠나가기 때문에 완전히 다 떠나갈 때까지 주님께 은혜를 구하며 겸손한 마음으로 지속적으로 회개에 힘써야 한다. 포기하지 않고 피 흘리기까지 회개하며 죄와 싸운다면 주님께서 회개의 영도 부어주시고, 은혜도 주셔서 내 안에 있는 악한 영들뿐만 아니라 가정에 역사하는 영과 가문에 역사하는 영 그리고 공중 위에 역사하는 영들과 싸워 승리하는 기쁨을 주실 것이다. 영안이 열리고 능력 있는 목회자나 사역자에게 사역을 받는다면 더 빨리 악한 영들을 물리치고 하나님과의 관계를 가로막고 있는 죄의 담을 허물 수 있다.

이 책자를 잘 활용해서 하나님과 독자 사이에 막힌 담이 허물어지고 통로가 열려 온전히 하나님과 교통하며 걸러지지 않은 하나님의 축복을 누리는 큰 은혜가 있기를 진심으로 축복한다.

네가 네 하나님 여호와의 말씀을 청종하여
이 율법책에 기록된 그의 명령과 규례를 지키고
네 마음을 다하며 뜻을 다하여
여호와 네 하나님께 돌아오면 네 하나님 여호와께서
네 손으로 하는 모든 일과 네 몸의 소생과 네 가축의 새끼와
네 토지 소산을 많게 하시고 네게 복을 주시되
곧 여호와께서 네 조상들을 기뻐하신 것과 같이
너를 다시 기뻐하사 네게 복을 주시리라

| 신 30:9-10 |

참고문헌

1. 서적
앨버트 몰러. 십계명. 부흥과 개혁사. 김병하역, 2011.
노손 쉐르만. 히브리어로 살펴본 십계명 열마디 말씀. 변순복역. 도서출판 대서, 2012.
조태희. 십계명 바른 삶 내비게이션. 쿨란출판사, 2011.
이노균. 사도신경 십계명 주기도문 해설. 비전북, 2013.
안계현. 한국불교사상사연구. 동화출판사, 1983.
김영태. 한국불교사개설. 경서원, 1986.
서정범. 한국무속인열전(전6권). 우석출판사, 2002.

2. 논문
박성규. "주자의 제사론." 동방학지 Vol.121.
배요한. "유교의 조상 제사관에 관한 고찰." 장신논단 Vol.45. No.4.

3. 사전
국립민속박물관 한국민속신앙사전
네이버 국어사전
네이버 두산백과사전
문화원형백과
바이블렉스 9.0, 브니엘성경연구소
시공 불교사전
위키백과
한국민족문화대백과

4. 인터넷 사이트
www.article.jions.com
www.culturecontent.com
www.neomudag.com
www.nfm.go.kr
www.podbang.com
www.traditionkorea.com